성서 연대표

성서 연대표

기원전 10000년부터 서기 400년까지
이스라엘과 주변 민족들의 역사

이용결 엮음

최안나 감수

성서와함께

사랑하는 가족, 마리아 막달레나, 프란치스코, 글라라에게

책을 펴내면서

성서는 이스라엘과 그리스도교의 역사를 넘나드시는 하느님의 얼이 때로는 우렁차게, 때로는 나즈막하게 들려주신 말씀들입니다. 오늘날 성서를 읽을 때 그 바탕이 되는 먼 옛날 딴 나라의 역사적 사건, 낯선 인명과 지명 때문에 갈피를 못 잡아 답답한 경우가 흔합니다. 그러한 답답함을 덜어 보고자, 성서의 무대가 되는 이스라엘과 주변 국가들의 역사, 거기에 우리 민족과 직접 관련된 한국과 중국의 역사를 곁들여 한눈으로 볼 수 있는 연대표를 엮어 보았습니다.

고대의 역사를 구성할 때 적잖은 어려움이 따릅니다. 역사적 사실을 확인하기도 어렵고, 그 사실에 대한 해석과 의견도 다양합니다. 특히 고대 이스라엘의 경우, 그 민족의 증언인 구약성서의 기록 외에는 달리 확인할 수 있는 문헌이나 물증이 없는 경우가 꽤 있습니다. 결국 성서를 어느 정도 역사적 사실의 기록으로 보아야 할 것인가 하는 문제에 부딪치는데, 이에 대한 견해도 다양합니다. 또 고대 각국의 연대 표기 방법과 기준점이 제각기 달라 연대에 대한 표기도 여럿입니다. 게다가 근동의 경우, 기원전 이천 년대 이전 사건들의 연대는 대부분 추정된 상대연대입니다.

이 연대표는 그리스도인들이 성서를 읽을 때 도움을 주기 위한 참고서로 기획되었습니다. 따라서 성서의 시원으로 볼 수 있는 인류 문화의 시점인 기원전 10000년부터 성서가 경전으로 자리잡은 서기 400년까지 전개된 역사의 흐름을 크게 3편 6장 35항으로 나누어 구성하였습니다. 각 항마다 해당 연대의 고고학적 시대구분, 역사적 흐름 정리, 관련 지도, 대표적인 유물 도판, 5개 지역의 연대표를 작성하였습니다. 5개 지역은 성서가 전승되고 형성된 팔레스티나/ 이집트/ 메소포타미아/ 아나톨리아(터키)·그리스·로마/ 한국·중국입니다. 최근에 통용되는 견해를 살피면서 나름대로 일관성있게 구성해 보려 애썼습니다만, 이 연대표 역시 하나의 시안으로 활용하시면 좋겠습니다.

하느님께서 이끌어가시는 역사의 기록과 세계사의 기록이 그대로 일치하지는 않습니다. 그러나 성서를 통해 세계사의 흐름 속에 함께하셨던 하느님의 손길과 뜻을 헤아려볼 수가 있습니다. 여러모로 부족한 모습이지만 성서를 좀 더 이해하는 데 작은 디딤돌이 될 수 있다는 희망으로 조심스레 펴냅니다. 이 책이 꼴을 갖추는 데는 여러 차례에 걸쳐 원고를 꼼꼼하게 읽고 감수해주신 최 안나 수녀님과 용어 하나하나까지 검토하며 값진 의견을 주신 여섯 분의 성서학 전공 신부님들의 도움이 컸습니다. 마음 다해 감사드리며, 이 모든 배려에도 불구하고 이 책이 지닌 결함은 모두 엮은이에게 책임이 있음을 분명히 밝힙니다. 오랜 세월 함께하면서 격려해 주신 〈성서와함께〉 가족, 〈가톨릭성서모임〉 성서봉사자들과 가족에게 깊이 감사드립니다. 독자 여러분이 건네주시는 귀한 의견과 비판을 디딤돌 삼아 계속 보완해 가겠습니다.

2001. 3. 25
월간 〈성서와함께〉 창간 28주년과 300호를 기념하며
이용결

개정판을 펴내면서

여러모로 미흡한 책이지만 많은 성서가족의 사랑을 받아 행복했습니다. 독자들이 좀 더 편하게 보시게끔 이번에 출간된 가톨릭 공용 《성경》에 맞춰 성경의 고유명사들을 개정하였습니다. 아울러 전체 내용을 다시 살펴본 뒤 일부 내용과 연대, 지도 등을 수정 보완하였습니다.

고대사 분야는 수수께끼로 남아 있는 부분이 무척 많습니다. 특히 이스라엘 역사를 둘러싸고 최근에 와서 서로 다른 두 입장이 크게 엇갈립니다. 초점은 성경 가운데 구약성경의 내용을 어느 정도 신빙성 있는 역사 자료로 인정할 것인가 여부입니다. 한쪽에서는 고고학 발굴 자료 등 성경 외의 자료를 더 가치 있는 사료로 보고 성경 내용의 진정성을 낮게 보는 이른바 '최소주의' 입장을 취합니다. 반면에 성경 자체를 권위 있고 신뢰할 만한 역사 자료로 간주하고 그 외의 자료를 참조하려는 이른바 '최대주의' 입장을 취하는 이들이 있습니다. 전통적 입장인 최대주의에 최소주의가 도전하는 형세입니다만, 이를 통해 기존 자료를 재해석하며 실체를 확인해 가려는 노력이 한층 가열차게 진행되고 있습니다. 아울러 초기 이스라엘 역사를 탐구하는 근본 전제와 이념에 대한 비판과 성찰 또한 활발하게 제기되고 있습니다.

성경의 가치는 물론 역사성이 아니라 종교성에 있습니다. 하지만 성경의 내용이 인간 삶에 단단히 뿌리박고 역사를 타며 성장하였기 때문에, 그 역사에 대한 이해는 매우 중요합니다. 아직도 이스라엘 역사 연대의 대부분이 추정연대일 정도로 확정짓지 못한 부분이 허다하고, 이 부분이 다 확인될 수 있다는 기대도 할 수 없습니다. 그렇지만 인간의 땀과 눈물과 먼지가 뒤섞인 역사의 현장을 잊지 않을 때 하느님 말씀, 강생하신 말씀을 듣고 따르는 데 힘을 받으리라 믿습니다. 이 책이 말씀의 숲 속에서 생명의 길을 찾는 분들에게 작은 도움이 되길 간구드립니다.

2008년 3월 23일 주님 부활 대축일에

감수의 글

오랫동안 성서 독자들이 고대하던 성서연대표가 나오게 되어 기쁩니다.

이 책은 성서 이야기의 배경이 되는 세상 이야기를 고대 근동과 이집트 중심으로 풀어 나가며 줄기를 잡아 주고 있습니다. 문명사 중심으로 뼈대를 세운 것이 우선 흥미롭고, 이스라엘 역사를 여러 문명의 전개와 견주어 바라볼 수 있는 실마리를 제공하는 것이 돋보입니다. 아울러 신·구약 성서가 형성되고 경전화되는 역사와 연결시켜 다루고 있는 점도 두드러지게 보입니다.

엮은이는 앞에서 성서를 읽다보면 만나게 되는 낯선 나라의 역사, 낯선 인명과 지명 때문에 갈피를 잡기가 쉽지 않아서 그 답답함을 덜어 보고자 이 책을 구성하였노라고 밝히고 있습니다. 그런 취지에 따라 낯선 성서 언어들, 곧 낯선 개개의 이름과 지명들이 주변 국가들과 이스라엘의 역사 안에서 적합한 자리에서 스스로 그 뜻을 드러내도록 한 것을 볼 수 있습니다. 동아시아와 우리나라의 역사를 함께 비교하여 볼 수 있도록 한 것은 성서 이야기를 좀 더 실감나게 이해하도록 도와주리라 믿습니다.

고대 근동의 역사를 간단하게 논하기가 쉽지 않습니다. 그러나 오랫동안 〈성서와함께〉에서 일하면서 풍부한 경험을 쌓은 엮은이가, 좀 더 넓게 통설로 모아지고 있는 이론들을 중심으로 고대 역사를 이해하기 쉽게 엮고 세밀하게 비교 작업을 해낸 노고에 감사드립니다. 이 성서 연대표가 성서 연구의 보조 자료로서, 성서의 세계를 더 넓게 이해하고 그 뜻을 풍부하게 밝히는 데에 유용한 도구로 널리 읽히게 되기를 바라며 축원합니다.

2001년 4월 15일 주님 부활 대축일에
최 안나 스피리따 수녀
(교황청립 그레고리오대학교 구약신학 박사/역사서)

일러두기

1. 이 책의 연대는 예수 그리스도의 탄생을 원년으로 한 '서력 기원'에 따라 적는다. 크게 '기원전(B.C./B.C.E)'과 '서기(A.D.)'로 적는다.

2. 고대 근동의 연대를 표기할 때 흔히 세 가지 연대가 통용된다(예: 이집트의 라메세스 2세 기원전 1304~1237/1290~1224/1279~1213). 이 책에서는 아직 널리 사용되는 '중간 연대'를 앞에 쓰고 '/'를 한 다음 최근에 급격하게 확산된 '내려 잡은 연대'를 뒤에 적었다(예: 라메세스 2세 기원전 1290~1224/1279~1213). 부호 '//'는 대립 왕조 또는 대립 왕, 혹은 또 다른 병행 주장이다. 괄호 속의 '~'은 앞에 제시한 연대부터 뒤의 연대까지 계속된 기간을 가리킨다.

3. 이 책에서 성경에 나오는 인명과 지명, 성경 이름은 《성경》(한국천주교양협의회, 2005)을 따랐다(예외: 바빌론은 도시, 바빌로니아는 지역과 국가 이름으로 쓴다). 헬레니즘 시대의 고유명사는 그리스 말에 따라 쓴다(예: 프톨레매오→프톨레마이오스, 안티오쿠스→안티오코스 등). 성경에 나오지 않는 외국 인명과 지명은 문교부의 표기 원칙을 좇으면서 《외래어 표기 용례》(세창출판사, 1995)를 참고했다. 단, 가톨릭의 성인 이름은 《천주교 용어집》(2000)을, 성경 비평 관련 용어는 《성서비평사전》(1993)을 따랐다.

4. 역사 사항의 연대와 고유명사의 표기는, 헬레니즘 시대 이전의 근동 각국의 경우 아멜리 쿠르트의 《고대 근동》(전 2권, 1995)에 따라 적었고, 이스라엘의 역사는 알베르토 소진의 《이스라엘과 유다의 역사 개론》(제2판, 1993)을 주로 따랐다. 성경의 저술 시기와 신약 시대에 대한 견해는 《새 예로니모 성서주해서》(*The New Jerome Biblical Commentary*, 1990)를 좇았다. 고고학적 시대 구분은 《새 성지고고학발굴 백과사전》(전4권, 1993)에 따른 팔레스티나 편년을 적용했다. 기타 근동의 고고학 관련 기사는 《옥스포드 근동고고학백과사전》(1997)을 참고했다. 헬레니즘 이후 특히 그리스와 로마 연표는 《캠브리지 고대사》(*Cambridge Ancient History*, 5-12권)를, 한국 및 중국 관련 사항은 《한국민족문화대백과사전》(1991)을 중심으로 하되 기타 참고 문헌을 고려했다.

5. 이 책의 각 항목은 크게 네 부분으로 구성되었다. 제목 밑에는 팔레스티나의 고고학적 시대가 밝혀 있고, 상단의 해설은 해당 연대의 주요 역사적 흐름을 정리한 글이며, 오른쪽의 지도는 해당 연대의 역사를 공간에다 표시한 것이다. 하단의 연대표는 5개 지역의 역사를 병행하여 구성하였다.

짜임

책을 펴내면서 · 5
개정판을 펴내면서 · 6
감수의 글 · 7

I편 창조 세계와 역사를 통한 하느님 말씀의 계시

1. 인류 문명의 발생과 확산 (기원전 10000~2000) : 한처음 이야기의 배경 · 13
   1. 사람들의 모둠살이 (기원전 10000~5500) · 14
   2. 성읍의 등장 (기원전 5500~3300) · 16
   3. 왕정의 형성 (기원전 3300~2700) · 18
   4. 제국의 건설 (기원전 2700~2200) · 20
   5. 근동 일대의 혼란과 새로운 시작 (기원전 2200~2000) · 22

II편 이스라엘 민족을 통한 하느님 말씀의 계시

1. 이스라엘 백성의 출현과 민족 형성 (기원전 2000~1000) :
   구약성경의 기원 시기 · 25
   6. 다시 꽃피는 문명 (기원전 2000~1800) · 26
   7. 고바빌로니아 제국의 성립과 붕괴 (기원전 1800~1550) · 28
   8. 이집트 제국의 등장 (기원전 1550~1400) · 30
   9. 제국들이 교류하는 국제화시대 (기원전 1400~1200) · 32
   10. 이스라엘 민족의 가나안 정착 (판관시대: 기원전 1200~1000) · 34

2. 이스라엘의 왕정 시대 (기원전 1000~586) : 구약성경의 전승과 형성 시기 · 37

11. 통일 이스라엘 왕국의 건설 (기원전 1000~922) · 38
12. 통일 이스라엘의 남북 분열 (기원전 922~900) · 40
13. 북이스라엘의 번영 속에 떠오르는 예언자 (기원전 900~850) · 42
14. 쿠데타로 허약해진 북이스라엘과 유다 (기원전 850~800) · 44
15. 번영의 그늘에서 외치는 문서 예언자들 (기원전 800~750) · 46
16. 북이스라엘의 멸망 (기원전 750~720) · 48
17. 아시리아의 속국이 된 유다 (기원전 720~670) · 50
18. 유다의 종교개혁과 독립 모색 (기원전 670~620) · 52
19. 유다의 멸망 (기원전 620~586) · 54

3. 유다인들의 유배와 귀환, 재건 (기원전 586~330) : 구약성경의 형성과 1차 편집 시기 · 57

20. 유다인들의 유배생활 (기원전 587/6~540) · 58
21. 페르시아 지배와 유다인들의 귀환 (기원전 540~500) · 60
22. 유다 공동체의 재건 (기원전 500~430) · 62
23. 오경의 형성과 새 사조의 대두 (기원전 430~330) · 64

4. 헬레니즘 세계 속의 유다 (기원전 330~1) : 구약성경의 형성과 2차 편집 시기 · 67

24. 헬레니즘의 형성과 확산 (기원전 330~200) · 68
25. 헬레니즘과 유다교의 충돌 (기원전 200~150) · 70
26. 유다의 독립과 하스모내오 왕조의 수립 (기원전 150~100) · 72
27. 로마의 팔레스티나 점령 (기원전 100~50) · 74
28. 헤로데 대왕의 팔레스티나 통치 (기원전 50~1) · 76

III편 예수 그리스도와 교회를 통한 하느님 말씀의 계시

1. 예수의 복음 선포와 그리스도교의 형성 (서기 1~400) : 신약성경의 형성과 경전화 시기·79

   29. 그리스도 예수의 삶과 죽음, 부활 (서기 1~30)·80

   30. 사도들의 복음 선포 (서기 30~50)·82

   31. 이방인 선교와 1차 유다 독립항쟁 (서기 50~70)·84

   32. 유다의 파괴와 그리스도교의 성장 (서기 70~132)·86

   33. 복음과 정경에 대한 도전과 응답 (서기 132~200)·88

   34. 박해 속에서 넓혀지고 다져지는 복음 (서기 200~300)·90

   35. 복음, 로마를 넘어 땅 끝까지 (서기 300~400)·92

부록

1. 근동의 셈어 계보도·94
2. 하스모내오 왕조의 가계도·96
3. 헤로데 왕가의 가계도·97

참고 문헌·98

찾아보기

1. 일반 사항·100
2. 성경 구절·107

I편 창조 세계와 역사를 통한 하느님 말씀의 계시

1. 인류 문명의 발생과 확산(기원전 10000~2000)

한처음 이야기의 배경

◀ 인류 문명의 산실인 메소포타미아의 유프라테스 강가에서 맞은 해넘이

1. 사람들의 모둠살이
(기원전 10000~5500)

중석기
(기원전 18000~8300)
선先토기 신석기(토기 제조 전)
(기원전 8300~5500)

빛은 동방에서! 인류는 큰 강 유역에서 다양한 문화를 가꾸기 시작한다. 초기에 가장 활발한 문명의 싹을 보여 준 곳은 고대 근동 지역이며, 약간 뒤에 중국과 인도에서 문명이 싹튼다. 현재까지 팔레스티나에서 가장 오랜 인류의 흔적은 요르단 계곡의 우베이디야에서 발견되었는데, 아프리카에서 건너온 호모 에렉투스가 후기 구석기 시대인 기원전 140~100만 년 전에 남긴 유적으로 추정된다.

중석기 시대 중엽인 기원전 13000~11000년경에 뷔름 빙하기가 끝나면서 세계 기후는 따뜻해지고 강우량이 늘어난다. 이에 따라 뭇생명이 번성한다. 인구는 늘었지만(당시 추정되는 세계 인구는 약 400만 명) 숲이 우거져서 종래의 수렵 및 채집 생활이 곤란해진다. 그 대안으로 정착 농경생활이 모색된다. 기원전 8500년경에 수렵·채집 생활과 병행하여 원시적인 농경생활이 시작, 확대된다. 그 중심지는 기온의 상승으로 마른 땅이 된 지중해 연안과 아나톨리아 고원(현재 터키), 이라크 북부 고원지대 등이다(위도 30°~40° 사이).

선先토기 신석기 시대(기원전 8300~5500)에 들어서서 이른바 '신석기 혁명'이 일어난다. 근동의 여러 곳에서 정

1. 조각상의 머리, 기원전 7000년경. 예리코 출토, 이스라엘박물관
2. 황소 사냥 바위그림, 기원전 6000년경. 차탈 휘윅 출토, 앙카라박물관
3. 여인 우상, 기원전 6000년경. 테페 사랍 출토, 테헤란박물관
4. 사마라 토기, 기원전 5000년대. 하수나 출토, 바그다드박물관

기원전		이집트		팔레스티나
1만 년 이전	18000	오리그네시아 문화 (~17000)		
		갈판과 갈돌로 야생곡식 가공.	12000 이후	케바라 문화: 얇은 날 돌도끼 사용, 메소포타미아·이집트 문화와 구분됨.
		골각기, 돌날 발달.		
		조각물과 동굴벽화, 암각화 활발.		
			8300 이전	나투프 문화: 반월형 석기, 낫, 돌그릇 사용, 야생곡류(에머밀·보리) 수확, 야생 염소 사육 시작 – 에이난 유적, 나할 오렌 유적.
10000	10000경	활과 화살 사용.		
			8000대	예리코: 주민 약 천 명인 최초의 성읍 건설. 돌담을 쌓고 망루(지름 8.5m) 건설. 농경과 교역, 사냥. 원형의 집에서 거주, 총 면적 1000㎡.
8000	9/8000경	기온이 지금과 비슷해짐.		
	~4000	사하라 일대 – 정착생활.	7200경	요르단의 와디 자르카 서안에 아인 가잘 마을 형성.
			7000대	예리코 파괴 후 새로운 종족이 직사각형의 집, 신당 등을 갖춘 성읍을 다시 건설.
7000	7000경	나일강 유역의 어로생활.		회반죽 인물상 제작, 아나톨리아의 차탈 휘윅 유적과 비슷.
		카르룸, 샤보나 유적.		요르단의 베이다 유적: 농경(보리)과 목축 시작.
6000	6000경	꼬불무늬 토기 사용.	6000경	야르묵 문화: 토기 등장.
	~5300경	나일 강 유역 곡물 생산 시작.		

착생활이 본격화되면서 부족사회가 형성되고, 염소와 양 등이 가축으로 길러지며 간석기를 이용한 초보적인 농경생활이 나타난다. 기원전 7000~6000년대에는 정착지역도 넓어져 이라크 북부 고원지대에서 시리아 북부, 메소포타미아 남부로 점차 확산된다. 팔레스타인에서는 다마스쿠스를 거쳐 요르단 계곡으로, 이어 요르단 강 동편과 남부로 뻗어간다. 이 당시 촌락의 규모는 최대 0.1㎢ 면적에 사오천 명 정도가 거주하였던 것으로 추정된다(아인 가잘의 경우).

토기를 제작하는 신석기 시대(기원전 6000/5500~4500)에 이르면 건조해진 기후 속에서 기존의 마을 규모가 한층 커지고, 농사를 지을 수 있는 강변마다 새로운 마을들이 속속 건설되면서 정착사회가 보편화된다. 특히 두 강이 만나는 남부 메소포타미아에서는 관개시설을 마련하여 농업 생산성을 높인다. 팔레스타인에서는 해안 평야와 요르단 계곡 쪽에 새로운 마을들이 두드러지게 나타났다. 마을을 중심으로 농경민들은 밀 같은 곡물을 재배하고 염소와 양, 돼지 따위를 기른다. 또한 타우루스 산맥에서 나오는 흑요석(검은 화산유리로 석기 제작에 이용)이 예리코를 비롯한 근동의 주요 지역에서 발굴되는 데서 드러나듯이, 지역 간의 교역도 활발하게 이뤄진다.

근동 지역의 주요 신석기 시대 유적지

	시리아·메소포타미아		아나톨리아(터키)·그리스		한국·중국
후기 구석기	바라도스티아 문화 자르지아 문화: 식물 채집 시작, 네모난 집 등장, 구운 진흙벽돌 사용, 계단 이용, 개의 가축화(10000년경).			10000	한국: 중석기 문화 – 뗀석기 제작, 홍천 하화계리 유적. 중국: 개의 가축화.
9600경	시리아의 아부 후레이라 유적: 농경 공동체 흔적.	8000경	아나톨리아 고원에 최초의 정착촌락 형성(차외뉘 등). 식량 채집, 구리 사용, 흑요석과 조개 및 구리 교역, 조각상 놓고 종교예식 거행.	8000경	중국: 페이리깡·츠산 문화 – 초기 촌락사회, 토기 개시.
8500경	양을 가축으로 사육.				
8000경	이라크 북부의 자위 케미 샤니다르 등지에서 보리, 밀, 호밀 따위를 작물화하기 시작.			7200경	중국: 양사오 문화 – 간석기 농경생활, 질그릇(일부 채색).
7500경	이라크 북부 고원지대의 자르모 문화: 농경과 목축을 시작하여 본격적인 생산경제체제로 들어간 것으로 추정. 흙인형 제작, 흑요석 교역 개시, 추정인구 100–150명.	6700경 ~5650	차탈 휘윅(넓이 0.13㎢ 5천-6천 명 거주)에서 토기 첫 제작, 돼지·개·양 사육.	7/6000경	남인도·중국: 쌀과 기장, 돼지·누에·닭 사육 개시. 농경 촌락 공동체 본격화.
6000	북부 메소포타미아의 하수나 문화(~5500): 채색토기(사마라 토기)가 사용되고 벽돌 제조, 방적. 팔레스타인, 시리아 등지로 확대되어 농경문화를 성립시킴. 부적, 모신상母神像 출토.	6000경	하실라르: 사냥과 식량 채집이 줄고 곡물 생산 활발. 마을 크기 60㎡, 모신상 제작.	6000경 ~3500	한국: 전기 신석기 문화 – 간석기 사용, 움집 생활, 귀리 작물화됨.

2. 성읍의 등장
(기원전 5500~3300)

BC 5500~3300

신석기(토기 제조 후)
(기원전 5500~4500)

금석병용기
(기원전 4500~3300)

성읍, 변화의 진원지! 기원전 오천 년대에 들어 근동 전역에 정착마을이 급증한다. 이미 주요 작물과 가축들이 길들여졌기 때문에, 이를 바탕으로 다른 지역으로 이주해 가서도 농업을 시작할 수 있게 된 것이다. 변화의 파장은 팔레스티나에도 미쳐 갈릴래아 북부부터 네겝 지역까지 곳곳에서 마을이 형성된다. 브에르 세바와 요르단 계곡의 가술이 대표적인 유적지이다. 기원전 4500년경부터 이 지역에서는 구리, 상아, 자기 공예품이 제작되고, 엔 게디에서 발굴된 대규모 신전 건물들(규모 375㎡)에서 보듯 몇몇 마을 사이에서 공통된 신앙을 표현하는 체제를 갖추게 된다.

마을의 규모가 커지면서 성읍으로 바뀐다. 인구가 늘면서 역할이 분화되고 사제 등의 직업이 생기면서 사회체계가 좀 더 복잡해진다. 제한된 자원을 가장 효율적으로 사용하기 위한 통제가 점점 요구된다. 특히 제한된 경작지와 물을 둘러싸고 마을끼리 치열하게 경쟁하면서, 군사 부문이 점차 중요하게 대두된다. 기원전 4000년대 후반부에 남부 메소포타미아에서 먼저, 곧 이어 이집트에서 본격적으로 소규모 성읍들이 등장한다. 방어와 공격을 위한 무기가 점차 치명적인 해를 입히는 것으로 발전하고, 성읍에는 성벽과 망루가 높아진다. 성읍마다 지구라트

1. 악어와 기하학 무늬가 그려진 토기, 기원전 4000~3500년경, 이집트 출토, 루브르박물관
2. 테라코타 항아리, 기원전 3500년경, 이란 출토, 뉴욕 메트로폴리탄박물관
3. 여인상, 기원전 4500년경, 채색 테라코타, 북부 시리아 출토, 루브르박물관
4. 채색 토기 사발, 기원전 4000년대 말~3000년대, 중국 광주성 매현 출토

기원전	이집트		팔레스티나	
5500		건조기가 끝나고 강우량 증가.		
5000	5000경	상 이집트 - 바다리 유적, 농경생활. 하 이집트 - 엘 파이윰 농경생활. 메림데 문화 - 농경 개시.	5000경	예리코 유적: 두 종류의 토기 사용. 우가릿 유적: 동방의 영향을 받아 가축 사육, 채색토기 제작. 문하타 유적: 야르묵 문화에 속함, 토기 사용. 가술 유적: 벽돌벽을 갖춘 사각형 집 거주, 농경생활을 하던 가장 큰 유적지.
	4500	메림데 문화(~3800): 소가 널리 사육됨. 곡물, 바구니, 석기 화살촉 사용, 농경 기술 개발. 대량 생산, 교역의 발생.		구리 제품과 수입한 상아 출토, 신전 보유, 3300년경 사라짐.
			4004	세계 창조의 해(성공회 어셔 대주교가 구약성경에 근거하여 제기한 주장으로 16-19세기에 널리 퍼짐)
4000	4000경	상 이집트 - 암라 문화(나카다 제1기). 채색토기, 구리도구 등장, 당나귀 가축화.	3761/60	세계 창조의 해(히브리 성경을 기준으로 유다인들이 기원으로 삼는 해)
3500	3500경	상 이집트 - 초기 게르제 문화.	3500경	브에르 세바 문화: 선진 기술을 지닌 새로운 이주민들이 북쪽에서 들어와 예리코 등지에 새로운 소규모 촌락 형성(목축생활 중심).
	3300경	후기 게르제 문화(나카다 제2기): 메소포타미아와 교류하며 영향 받음.		채색토기, 구리를 사용하였으나 종적없이 사라짐(~3300).

같은 복합건물(종교 등 여러 기능 수행)을 마련하고 특별한 수호신을 숭상하며, 같은 신을 섬기는 데 필요한 종교체제가 마련된다. 거기에 속한 신전과 사제들이 양식의 생산과 배급을 관장하는 주요 권력을 쥔다. 길이 60m, 너비 67m, 높이 12m나 되는 우루크 신전은 상당한 인원을 동원하여 작업할 수 있는 사회조직이 짜여 있음을 보여 준다.

기원전 4000년대에 들어가면서 남부 메소포타미아의 에리두와 우루크 등의 도읍은 종교 중심지요 일정지역을 다스리는 왕국의 중심지로 성장하게 된다. 성읍이 팽창하고, 성읍마다 늘어나는 인구를 감당하기 위해 강에서 먼 지역까지 수로를 파서 경작지를 광범위하게 넓힌다. 그 결과 늘어난 여분의 생산물로 농사일 이외의 특수한 일을 감당하는 계층이 자리잡는다. 계급구조가 형성되고, 성읍끼리의 전투에서 승리하기 위한 유능한 군사지도자가 부각되면서 지속적으로 세력을 유지하는 지도자가 등장한다.

기원전 3000년대 후반에 들어 상 이집트의 나카다 문화가 하 이집트까지 포괄하면서 통일 왕국 시대를 예비한다. 이때 메소포타미아 문화가 상당한 영향을 미쳤다고 여겨진다.

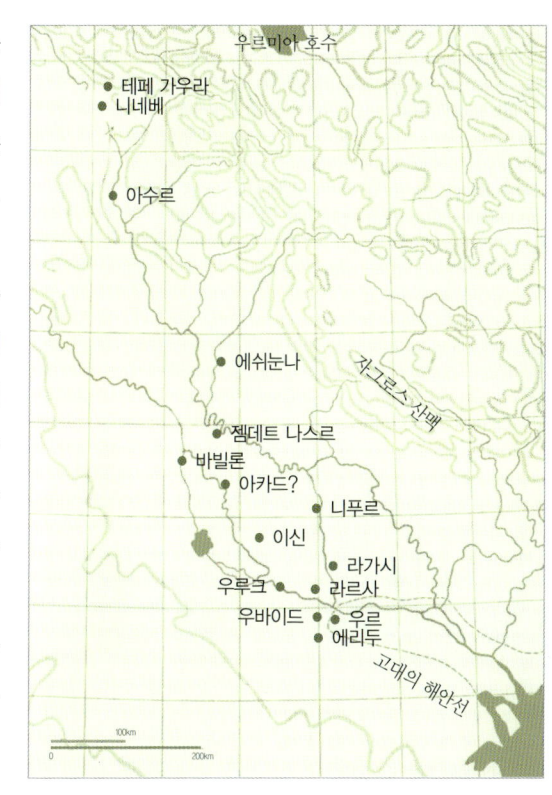

메소포타미아의 초기 정착지

BC 5500~3300

시리아·메소포타미아	아나톨리아(터키)·그리스	한국·중국
5500 할라프 문화(~5000): 북부 메소포타미아에서 발원. 남쪽과 서쪽으로 전파됨. 원시농경에서 시작하여 정착생활로 전환. 벽돌로 건물을 짓고 교역 행함. 물레로 토기 만듦. 구리병과 구슬 사용.	5500 중석기(~3000) 아나톨리아 문화권 확산. 시리아-메소포타미아 문화권과 연결됨. 하실라르 중심, 흙벽돌로 성벽 건설.	5000경 중국: 모계 씨족 공동체, 원시 종교 출현.
5000 전기 우바이드 문화(~4000): 남부 메소포타미아의 에리두 등지에 작은 신전 중심의 마을이 조성. 흑색 채문토기 사용, 구리 주조기술이 시작(4500~4000년경).		~4500경 한국: 양양 오산리의 신석기 유적.
		4500경 중국: 홍산문화(~3000), 벼농사 발달(장강 유역).
	4500 우바이드 문화가 유프라테스 강 상류에 널리 퍼짐(3000년 경에 사라짐).	4100~4000경 한국: 신석기 시대 유적 (서울 암사동·구리 미사리) 무늬 없는 원시토기, 덧띠무늬 토기가 가장 오랜 토기로서 출토됨.
4000 우루크 문화(~2900년경): 토기 가마, 바퀴, 인장 등 등장(4000년경), 문자와 구운 벽돌 사용(3500년경), 올리브, 무화과, 대추야자, 포도, 석류를 재배하기 시작. 우루크 규모(넓이 2.5㎢, 인구 25000~50000명).		3500경 한국: 중기 신석기 문화 형성, 빗살무늬토기.
	3400경 바퀴 등장(흑해 부근).	
	3300경 그리스: 신석기 시대(~2600)	중국: 비단 직조 개시.

3. 왕정의 형성
(기원전 3300~2700)

초기 청동기 1기
(기원전 3300~3000)

초기 청동기 2기
(기원전 3000~2700)

양적 팽창에서 질적 변화로! 청동기 문화가 확산되고 성읍이 발전하며 사회가 분화되면서 마침내 중앙집권제인 왕정이 메소포타미아 남부에서 최초로 출현한다. 이론적으로 그 도시의 수호신이 최고권력을 가지지만, 그 신의 실질적인 대리자로 한 성읍과 주변지역을 다스리는 왕은 관개시설을 관장하여 농경을 관리하며 유통과 교역, 정보 교환의 중심 역할을 수행한다. 이러한 왕의 존재와 권력을 뒷받침하는 종교체제도 구체적인 꼴을 갖추게 된다. 성읍 중앙에는 신전과 함께 궁전이 건립되며, 담을 쌓아 여타 구역과 구분한다. 남부 메소포타미아에서 이러한 변화를 주도한 이들은 기원전 4000년대 전반기에 이 지역으로 온 수메르인들이다. 에리두, 우르, 우루크, 니푸르 등 여러 성읍국가가 서로 경쟁하면서 계급사회에 기초한 수메르 문화를 꽃피운다.

이 시기에 이루어진 중요한 발명은 문자이다. 기원전 3500~3400년경부터 장부를 기록하기 위해 숫자를 쓰기 시작한 것으로 추정된다. 기원전 3200~3100년경에 수메르에서는 그림문자와 물표에서 발전한 쐐기문자를 사용하고, 이집트에서는 상형문자가 나타난다. 우루크의 인안나 신전에서 발견된 토판 4000여 개는 기원전 3100년경

1. 조세르 왕의 계단식 피라미드와 신전, 이집트 고왕국 시대, 이집트 사카라 소재
2. 그림문자 토판, 기원전 3300년경, 남부 메소포타미아 출토, 루브르박물관
3. 채색 도자기, 기원전 2800년경, 카파예 출토, 바그다드박물관
4. 빗살무늬토기, 신석기 시대, 암사동 출토, 국립 중앙박물관

기원전	이집트	팔레스티나	
3300	**초기 왕조 시대**(대략 3100~2686)	3200~3150경	**고대 가나안 시대** 개막(~2200)
	제1왕조(대략 3100~2890)		게르제 문화: 북쪽에서 새로운 이주민이 대거 팔레스티나로 들어와 농경 중심
	수도: 멤피스. 일곱 왕 재위, 왕 중심의 통치제도 형성. 상형문자인 신성문자 등장 – 역사시대 개막.		의 성읍문화를 최초로 형성.
			가나안 남부와 이집트 1왕조 교역 추정(아비도스 그릇 출토).
3000	프타 신과 아툼 신이 최고신으로 대두.	3000~2700경	초기 청동기 2기에 들어 성벽 쌓은 촌락이 나타남(대다수는 없음).
	제2왕조(대략 2890~2686)		
	여섯 왕 재위 분쟁. 파피루스와 신성문자의 기록 발달.		
2800	이집트, 비블로스와 해상 교역 개시(목재).		
	고왕국(대략 2686~2181; 3~6왕조)–다섯 왕 재위		
	제3왕조(대략 2686~2613/2649~2575)	2750경	티로 건설(헤로도토스의 기록에 따름)
2700	돌로 계단식 피라미드 건설(2대 조세르 왕 109×125× 62m). 누비아 정복(돌 채취). 시나이 광산(터키석, 구리)	2700	초기 청동기 시대 3기(~2300): 고대 가나안 문화의 흥성기. 고왕국 때부터 이집트의 정치적, 문화적 영향을 받음.

에 양식의 분배를 다룬 공문서이다. 이는 곧 당대 권력의 핵심인 신전에서 양식의 공급을 통제했으며, 당시 사회에서 가장 중요한 과제가 양식의 확보와 분배였음을 보여 준다.

기원전 3100년경에 나일강 중·상류의 상 이집트 왕국이 점차 통합되면서 하 이집트에 있는 여러 소집단까지 병합하여 한 나라를 이루게 된다(메네스 또는 나르메르에 의해?). 나일 강 유역을 모태로 형성된 이집트는 항상 상·하 두 왕국의 통일왕조를 유지하려고 애쓰면서, 메소포타미아보다 훨씬 안정적이고 절대적인 왕정제도와 내세적이고 종교적인 이집트 문화를 발전시켜 간다. 비옥한 자연환경과 외국의 침략에 안전한 지리적 이점에 힘입어 이집트의 고왕국은 급속히 발전한다.

한편 이 두 문명의 중간에 위치한 팔레스타나에도 변화의 물결은 여지없이 몰아친다. 여기저기에 성벽을 갖춘 성읍이 건설되며, 활발한 교역이 전개된다. 시리아와 팔레스타나 일대에 형성된 이 당시의 문화를 흔히 '가나안 문화'라 일컫는다. 이 문화의 중심지는 우가리트이며, 사해 동북방 5km에 있는 툴레이라트 엘 가술(Ghassul)에서는 이 시기에 다섯 색채로 그려진 별 모양의 그림 등 여러 점의 벽화가 발굴된 바 있다.

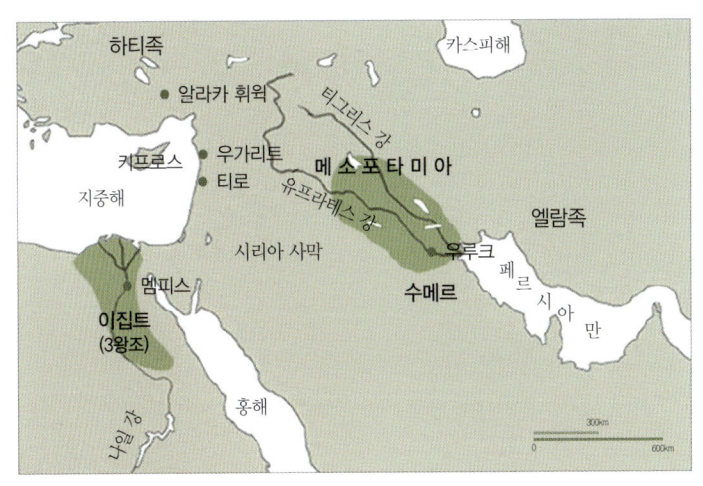

기원전 2700년경의 근동

시리아·메소포타미아		아나톨리아(터키)·그리스		한국·중국	
3300경	우루크 문화(3300~3000) – **수메르 문명**의 성립.			3200경	한국: 빗살무늬토기 등장
3200	젬데트나스르기(期~2600) – 쐐기문자 발명 사용(3100년경).	3000년대	하티족이 아나톨리아 중부에 작은 성읍국가 형성. 금과 은으로 신상과 그릇 제작. 문화의 중심지는 알라카 휘윅, 트로이 등.	3100경	중국: 신석기 농경(롱산 문화), 부계 씨족사회 본격화.
3100~2900경	6진법 사용. 우루크, 수사, 우르, 에리두에 신전 중심의 성읍국가 발전. 청동 야금술을 세계 최초로 발명하여 **청동기 시대** 개시. 채색토기 사용.			3000경	일본: 소바타 토기 등장. (빗살무늬토기류)
3000경	큰 홍수 겪음 – 고고학 발굴로는 그 규모가 국지적임.			3000 (~2000)	한국: 중기 신석기 시대 (본격적 빗살무늬토기 시대) 부산 동삼동, 평남 궁산리, 황해 지탑리 유적. 흙인형 제작, 어로와 수렵에서 점차 농경으로 바뀜. 씨족사회. 옥천 대천리 유적에서 쌀·보리·콩·밀·조 낱알 발견
2900	초기 왕조 시대(~2500년경) – **수메르 시대**(~2360) 우르, 우루크, 키시, 니푸르 등의 각 성읍국가 병립. 신정체제, 농경 및 교역 활발, 주변 특히 서북부에 위치한 시리아에 깊은 영향 끼침.	3000~2000	초기 청동기 시대 에게 해 쪽의 키클라데스 문화(2600~1600)와 시리아-메소포타미아 문화의 교류. 특히 금, 은, 청동 등 금속의 교역이 활발.		

4. 제국의 건설
(기원전 2700~2200)

초기 청동기 3기

(기원전 2700~2200)

부풀어오르는 왕국! 수메르 문화는 우르 제1왕조 시기에 메소포타미아의 서북쪽으로 뻗어가 아카드, 아시리아 지역으로 확산된다. 농경사회에 기반을 둔 수메르 사회는 상업 및 교역도 활발하게 전개하면서, 12진법을 이용한 수학을 발전시킨다. 태음력을 사용하고 점성술에 관심을 기울이며, 신전에서 각 성읍의 수호신을 섬긴다. 주요 성읍의 대표적인 수호신은 엔릴(바람의 신, 니푸르)과 엔키(=에아, 물의 신, 에리두), 인안나(금성의 여신, 우루크), 난나(달의 신, 우르) 등이다. 수메르인들은 구리와 금 등을 이용한 금속공예와 돌을 이용한 조각상 등에서 뛰어난 예술 활동을 보여 준다.

그런 가운데 셈족 출신인 사르곤(샤루킨) 왕이 키시에서 발흥하여 수메르 일대를 공격, 점령하여 아카드(아가데)에 수도를 둔 최초의 아카드 제국을 형성한다(메소포타미아 전역과 엘람과 현재의 이란 서부지역 차지). 이 제국의

1. 앉아 있는 서기관상, 이집트 고왕국 시대, 석회암과 설화석고, 루브르박물관
2. 우르 왕실의 황금투구, 기원전 2500년경, 바그다드박물관
3. 조련사와 말 조각상이 달린 청동 마구, 기원전 2500년경, 카파도키아 출토, 루브르박물관
4. 하프 연주가, 기원전 2500년경, 에게 해 섬의 대리석 조각, 캘리포니아 폴 게티 박물관

기원전	이집트	팔레스티나
2700		**가나안 시대: 성읍국가의 번성기**
	제4왕조(대략 2613~2494/2575~2465): 여섯 왕 재위.	주민의 정체는 알 수 없음.
	멤피스 중심. 피라미드 시대 시작,	이 시기에 누린 풍요는 로마 제국 시기와 비슷함
	초대 왕 스네프루가 굴절 피라미드 등 3개 건립.	
	2560경 2대 왕 쿠푸(케옵스), 최대 피라미드 건설	
2500	(230×230×147m).	2500경 아이, 벳 스안 건설.
	2540경 4대 왕 케프렌(카프레), 스핑크스와 피라미드	성읍 규모 팽창(0.1~0.2㎢), 성벽 두께 7.5~9m
	(높이 140m) 건설. 5대 왕 멘카우레(미케리누스),	북부 시리아는 메소포타미아로부터, 지중해변과 남부 시리아와
	피라미드 건립(높이 65m) – 기자의 3대 피라미드.	팔레스티나는 이집트로부터 크게 영향을 받으며 발전.
	제5왕조(대략 2494~2345/2465~2323): 아홉 왕 재위.	인구 최대 수준(추정 인구: 15만 명)
	태양신 레가 주요 신으로 부각, 신전 건설에 주력,	
	왕을 레의 아들로 숭배, 피라미드는 소규모로 축소.	2400경 북부 시리아의 에블라 왕국 등 성읍국가들이 대규모로 팽창하며
	제6왕조(대략 2345~2181/2323~2150): 넷에서 일곱 왕 재위.	남부 메소포타미아를 견제.
	카르멜 산까지 원정. 비블로스와 교역 지속(목재 수입).	2300경 시리아·팔레스티나의 성읍 국가 쇠퇴(우가릿, 비블로스, 에블라 파괴).
2200	왕조 말기부터 왕권 쇠퇴.	

통치하에서 셈어인 아카드어는 제국 전체의 행정 언어로 이용되면서 메소포타미아 일대의 외교 공용어로 자리 잡는다.

한편 이집트 고왕국의 세력은 피라미드에서 보듯 놀라울 정도로 발전한다. 그들은 상비군을 갖추지 않고, 주변 지역에 교역 이외의 간섭을 하지 않으며 비교적 평화로운 관계를 유지한다. 이집트는 자체의 지형상 외적의 침략에 상당히 안전하고 경제적으로 부유하기에 다른 나라를 침략할 필요가 별로 없기 때문이다. 하지만 높은 수준에 이른 이집트 문화는 가나안 일대에 널리 영향을 미친다.

가나안 문화가 급속히 발전한 시기는 이때이다. 인구가 급증하고 성읍 규모가 커지며 세련된다. 소규모 성읍국가에도 신전과 궁전이 건설되고 이집트와 메소포타미아 지역과의 교역도 활발해진다. 이집트와의 교역은 육로보다 비블로스를 통한 해상교역이 중심을 이룬다(목재, 향료 수출). 기원전 2400년경에는 중개무역으로 부유해진 에블라(면적 10㎢)와 마리 같은 중·북부 시리아의 성읍국가들이 5-6배로 급히 팽창하여 남부 메소포타미아와 세력을 겨룰 정도에 이른다(가령 북부 시리아의 레이란도 0.15㎢에서 1㎢로, 인구 사천에서 이만오천 명으로 커짐). 그 결과 남부 메소포타미아에 있는 아카드 제국의 사르곤 왕이 에블라를 공격하여 파괴한다.

메소포타미아 일대를 차지한 아카드 제국의 세력권(나람신 시대)

시리아·메소포타미아		아나톨리아(터키)·그리스		한국·중국	
3000년대 초반	셈족인 아카드인들이 점점 증가함 – 일부 성읍국가 장악.	3000년대 중반 이후	히타이트인들이 아나톨리아로 이주(세 집단으로 추정).		
2600경	우루크 왕조(첫 왕: 길가메시?)				
	키시 왕조 건설?				
2500경	**우르 제1왕조** 성립(~2360): 아홉 왕 이상 재위.				
2450경	라가시의 에아나툼 왕, 움마 왕과 조약 체결.				
2400경	이때부터 서북 셈계의 혼합집단인 아모리족의 상당수가 남쪽 메소포타미아로 이주.	2500경	크레타 섬의 청동기 문명인 **미노아 문화**가 본격 개막. 이집트, 지중해 동부 지역과 교류.	2500경	중국: 황허 문명의 룽산 문화 주변으로 확산. 인도: 인더스 문명(~1500하라파 문화), 청동기 시대 시작.
2350경	라가시의 왕 우루카기나, 최초로 사회개혁 칙령 반포. 우루크 제3왕조의 루갈작게시에게 패배함.				
아카드 시대					
2334경	사르곤 (2340~2284경/2276~2220): 아카드 왕조 세움. 중앙집권제 확립. 설형문자 등 수메르 문화 도입. 아나톨리아와 현재의 아라비아 일대까지 원정. 에블라를 멸망시키고 북부 메소포타미아 장악 – 처음으로 제국 규모, 인도와 교역.			2357	전설에 따르면, 이때 중국에 요순 시대가 열림.
				2333	**단군**, '조선'을 개국. 도읍은 아사달(《동국통감》의 기록).
2260	4대 나람신(~2223): 엘람까지 정복, 전성기 이룸.				

5. 근동 일대의 혼란과 새로운 시작
(기원전 2200~2000)

중기 청동기 1기
(초기 청동기 4기)
(기원전 2200~2000)

바벨 탑의 붕괴 같은 혼란? 기원전 2200년을 전후하여 근동과 이집트 일대에 커다란 혼란이 닥친다. 근동의 패권을 쥔 아카드 왕조가 약화되자, 자그로스 산맥 쪽에 사는 문명화되지 않은 구티족이 몰려와 백 년 가까이 메소포타미아 일대를 휩쓴다. 혼란 속에서도 우르 제3왕조가 재건되는 등 일부 성읍국가는 상당히 발전한다. 특히 이 혼란기에 목축민인 아모리족(아무루, '서쪽 사람들')이 시리아와 메소포타미아에 밀려 와 새로운 세력으로 등장한다. 이들 중 일부는 자체 왕조를 건설한다.

한편 이집트에서도 피라미드 건설 같은 대규모 사업에 과도하게 자원을 쏟은 데다 흉작 등으로 국가 재정이 파탄되어 고왕국이 붕괴된다. 그러자 각 지방의 귀족 세력들이 패권을 쥐려고 끊임없이 서로 싸우는 가운데 사

1. 황소 봉헌제의, 이집트 제1중간기, 아타케르 무덤 벽화(부분)
2. 여신에게 봉헌하는 여인이 새겨진 원통형 인장, 기원전 2200년경, 시리아 또는 북서 메소포타미아 출토, 예루살렘 성지박물관
3. 라가시의 지배자 구데아의 두상. 기원전 2100년경, 메소포타미아 기로수 출토, 루브르박물관
4. 후르족의 기원이 새겨진 석회암과 청동사자상. 기원전 2000년경, 루브르박물관

기원전	이집트	팔레스티나
2200		2200경 므기또, 예리코 등 가나안의 성읍들이 대규모로 파괴되거나 방치됨 – 파괴된 상태가 200년 정도 지속. 이집트와 접촉한 물질적 증거 없음.
	제1 중간기(2180~2040경) 제6왕조 말부터 제11왕조 초까지, 왕권 통제력 약화, 반란, 지방 세력간 다툼, 이민족 침입으로 혼란스러움. 제7왕조(2181~2173/2150~2142경) 수도: 멤피스, 아홉 왕?	
2100	제8왕조(2173~2160/2142~2129경) 수도: 멤피스, 여섯 왕?	2100~1700경 북부에서 요르단 동편 고원지대로, 셈족계 가나안인들의 이주. 다시 서쪽으로 목축민들의 대거 이주. 생활 여건이 어려운 시나이, 중부 네겝, 골란 고원 등지에 정착하여 소규모 촌락 구성. 이들을 더 이상 아모리족으로 보지 않으나 정체는 아직 모름.
	제9-10왕조(2160~2040경) 수도: 헤라클레오폴리스(북쪽) 제11왕조(2133~1991/1963) 수도: 테베(남쪽) 통일 이전에 인요테프 등 여덟 왕 재위. 2040/2023 제11 왕조의 멘투호테프 2세, 제9-10왕조를 꺾고 이집트를 재통일하여 중왕국 시작.	
2000		

막부족들이 침입하여 약탈하는 최초의 중간기(왕국 사이의 혼란기)에 접어든다.

시리아에서는 성읍 문화가 유지되었으나, 팔레스티나에서는 성읍이 거의 완전히 파괴된 상태로 200년 이상 지속된다. 성읍 인구는 거의 사라지고(65–85% 감소 추정), 대다수 사람들은 팔레스티나 일대에서 목초지를 따라 이동하거나 소규모로 정착생활을 한다. 이런 격변이 휩쓸게 된 원인은 아직 분명치 않다. 다만 어떤 자연재해(이 당시 15–20% 감소된 강우량으로 인한 심한 가뭄 같은)가 근동 일대를 강타하면서 살길을 찾아 사람들이 대거 이동하는 가운데 혼란이 커졌으리라고 추정된다.

기원전 2000년경 근동 세계

토양이론에서는, 그 동안 문명을 일군 주요 지역에서 식량 증산을 위해 과도하게 땅을 경작한 데다 토양 침식과 관개사업으로 인해 토양의 염도가 높아진 탓에 곡물 생산량이 급속히 줄었을 것으로 추정한다. 실제로 기원전 2000년경 남부 메소포타미아에서는 염분에 약한 밀을 재배할 수 없어 보리를 심는 지역이 상당히 늘어났고 인구도 줄었다. 파종 대비 12–20배(이집트는 10배, 로마는 8배 이하)에 달했던 곡물 생산량은 초기 왕조 때보다 절반 가까이 줄었다고 짐작된다. 이런 처지에서 자연재해까지 겹치면 많은 사람이 이동할 수밖에 없었을 것이다. 시간이 흐르면서 남부 메소포타미아에서 시작하여 비옥한 초승달 지대를 따라 점차 문명이 회복된다.

	시리아·메소포타미아	아나톨리아	한국·중국
2159경	구티족의 득세로 아카드 왕조 붕괴. 우르 등 주요 성읍국가 독립. 대규모 파괴 속에서도 북부 시리아의 에블라 등과 메소포타미아(우르)의 교역관계는 지속.		2070 ~1600 중국 최초로 하夏 왕조 수립. 시조 우에서 14대 17왕(걸)까지 400여 년간 지속했음. 황허의 충적평원에서 농경 정착이 확산됨. 신석기 말기로, 촌락공동체에서 초기 국가로 변천하는 시기로 추정. 룽산 문화에서 문자 탄생 추정.
2112경/ 2047	우르남무(~2095?)가 우르 제3왕조(2112~2004/2047~1940)를 시작. 법전 편찬. 라가시의 왕 구데아가 많은 조각과 기록 남김.		
2094	2대 왕 슐기(~2047) 즉위, 우르 제3왕조의 전성기(우르 인구 12000명 추정), 수메르 문화 부흥.		
2017경	아카드와 우르 제3 왕조에서 군인과 인부로 일하던 서북 셈족계의 아모리족이 대두. 아모리족인 이쉬비 이라가 이신 왕조, 나플라눔이 라르사 왕조를 세움.	3000년대 말엽: 아나톨리아의 서부 성읍들이 대거 파괴 됨(인도-유럽어민족의 도래가 원인인지는 불확실함).	
2004경	우르 제3왕조, 엘람의 삼마쉬키 왕조(2200~1900년경)에게 망함(5대 109년 존속). 이신 왕조가 엘람을 쫓아내고 영토 회복. 그 뒤 이신·라르사 왕조 200여 년 지속.		
2000경	카프카즈 산맥 쪽에서 후르족이 시리아 동북부로 내려옴.		

II편 이스라엘 민족을 통한 하느님 말씀의 계시

1. 이스라엘 백성의 출현과 민족 형성(기원전 2000~1000)

구약성경의 기원 시기

◀ 이스라엘 민족의 근거가 된 시나이 계약이 체결된 곳으로 전해지는 시나이 광야의 산

6. 다시 꽃피는 문명
(기원전 2000~1800)

중기 청동기 2기 A
(기원전 2000~1750)

다시 시작할 수 있는 힘은 어디서 나오나? 기원전 2000년경에 이르러 근동 일대엔 오랜 혼란이 걷히고 성읍이 살아나면서 안정과 질서가 회복된다. 메소포타미아의 부흥과 통합을 주도한 이들은 아모리('서부 사람들'이란 수메르어에서 유래)족이다. 서북 셈어 계통의 아모리어를 사용하는 이들의 고향은 시리아 사막으로 추정되며 이동 경로는 아직 불분명하다. 본래 이들은 목축생활을 하였으나 기원전 삼천년대 중반부터 남부 메소포타미아로 이주하여 주요 성읍의 주도권을 잡고 정착하였다.

가장 대표적인 아모리족 국가는 남부의 고(古)바빌로니아와 북부의 고(古)아시리아이다. 이 나라들은 수메르와 아카드 문화에 기반을 두고 법률과 제도를 발전시킨다. 고바빌로니아에서는 '길가메시 서사시' 같은 서사문학도 발달한다. 이때 유프라테스 강 중류 지역에서는 아모리족의 마리 왕국이 교역 중심지로 번성하는데, 짐리림 왕의

1. 아시아에서 이집트로 이주해 오는 셈족, 기원전 1900년경, 베니 하산 소재, 크눔호텝의 무덤 벽화
2. 여신상, 기원전 19세기, 퀼테페 출토, 높이 9.3cm, 앙카라 아나톨리아문명 박물관
3. 마리 궁전의 벽화, 기원전 1900~1750년, 루브르박물관
4. 흰토기 항아리, 기원전 2000년경, 중국 산동성 출토

기원전	이집트		팔레스티나
2000	**중왕국 시대**(대략 2040~1786/2023~1720)		**가나안 문화 형성기**
	가장 평화롭고 번영한 황금기(고전기)	이천년대	지난 시대와 다른 새 주민들의 정착 - 주로 페니키아, 남부 시리아, 북부 팔레스티나에 집중함.
	제12왕조(1991~1783/1963~1787)		중부와 남부 팔레스티나에서는 해안 평원과 요르단 계곡에만 정착.
	아멘엠헤트 1세(1991~1962/1963~1934)		하초르(0.73km²)를 제외하면 성읍 규모는 작음(0.2km² 내외).
	멤피스 근처 새 수도 이트즈 토위로 천도, 시나이 원정, 아문을 주요 신으로 부각.		이집트의 중왕국이 재건된 비블로스를 통해 해상교역을 재개하면서 가나안에 크게 영향력을 미침.
	센우스레트 1세(1971~1926/1943~1899)		
1900	팔레스티나-시리아 여행기인 '시누헤 이야기' 나옴, 이집트 문학의 황금기.		
	아멘엠헤트 2세(1929~1892/1901~1867), 가나안 원정	19세기	나일 삼각주 지역에 상당수의 가나안 사람들이 이주하여 이집트인과 섞여 생활.
	센우스레트 2세(1897~1878/1872~1862)		시나이의 터키석 광산에서 발견된 '원시 시나이 문자'를 알파벳의 초기 형태로 봄.
	센우스레트 3세(1878~1841?/1862~1844)		
	귀족 억압, 운하 복원, 누비아 원정.		
	아멘엠헤트 3세(1844~1797/1843~1798)		중기 청동기 2기 A(2000~1750): 전통적으로 아브라함의 이주 시기로 간주해 옴.
	수리시설 정비로 경제 번영 이룩,		현재는 선조 시대를 특정 시기와 연관시키지 않고 기원전 13세기 이전으로 폭넓게 보려는 견해가 늘고 있음.
1800	시나이의 청록석 광산에서 채광.		

궁전은 25000㎡ 면적에 260개의 방을 갖출 만큼 거창했다.

기원전 2000년경에 테베를 수도로 한 제11왕조가 이집트를 다시 통일하여 중왕국을 이루고 놀라운 번영을 누린다. 제12왕조부터는 왕권이 관리 및 상인 등 중간계급을 육성하면서 이들을 활용하여 귀족 세력을 누른다. 전반적으로 사회정의가 신장되고 많은 이들이 풍요를 누리며 종교생활을 할 수 있었던 중왕국 시대를 이집트의 '고전기'라 부른다. 중왕국은 팔레스티나 가까이 군사 원정도 하였지만, 시리아와 해상 교역 및 외교를 활발히 하고 시나이 광산 개발에 주력했다. 이때 만들어진 '시누헤 이야기'와 '베니 하산 벽화'는 가나안 지역과의 밀접한 교류 관계를 잘 보여 준다.

한편 당시 아모리족 국가인 얌하드 왕국(수도: 알레포)이 북부 시리아에서, 콰타나 왕국(수도: 카트나)이 중부 시리아에서 가장 강력하였다. 팔레스티나에서는 지난 시기와 뚜렷하게 구분되는 정착 양상을 보인다. 해안 평원 계곡에 촌락과 성읍이 재건된다. 가나안 성읍국가들이 다시 번성하였는데, 하초르가 가장 컸다(규모는 대략 0.73㎢, 22만평). 전체적으로 근동 일대에 새로운 세력이 자리를 잡아가는 중기(또는 후기) 청동기 시대를 배경으로, 아브람(아브라함)이란 한 셈족계 이주민이 하느님의 부르심에 따라 메소포타미아(또는 아람)의 우르에서 가나안으로 왔다는 전승이 후에 형성된다.

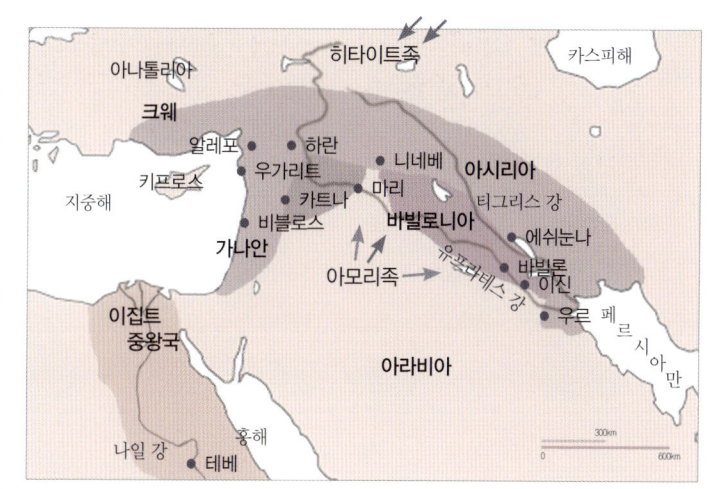

기원전 2000년대 초의 근동 ■ 고바빌로니아 제국의 최대 판도

시리아·메소포타미아		아나톨리아(터키)·그리스		한국·중국	
2000경	아모리족 왕들이 성읍국가를 지배함 - 남부 메소포타미아에서는 이신·라르사·바빌론·에쉬눈나, 북부와 시리아에서는 마리·아시리아·얌하드·콰타나가 가장 강성함. 시리아 주민의 대부분은 아모리족.	2000~1900경	청동기를 사용하는 인도-유럽어족의 그리스계 인종인 아카이아인(미케네)·이오니아인·아이올리아인이 북쪽에서 그리스 본토로 첫 이주, 말馬을 사용. 인도-유럽어족의 히타이트족이 아나톨리아 중앙을 장악함. 중앙 아시아의 아리아족이 병거 사용 시작.	2000경	한국: 후기 신석기 시대 - 농경 출현, 토기에 곡선무늬 새김, 돼지 사육, 황해 지탑리, 춘천 교동 유적
1934	이신 왕조의 리피트이쉬타르(~1924) 왕이 법전 편찬. (조금 뒤에 에쉬눈나 왕국에서도 법전 편찬)				
1894경	아모리인 수무아붐(1894~1881), 바빌로니아 제1왕조(1894~1595) 건설.				
고바빌로니아 시대 개막(~1600)		1910~1840경	아나톨리아 중부의 네사(카네스), 하투샤 등지에 고아시리아(아수르) 상인들의 교역 거류지(카룸 karum)를 이룸. 아시리아 상인들이 조합을 결성하고 주석과 직물 거래(토판 자료). 기원전 1780/50년경에 후르족이 교역로를 장악하면서 사라짐.	1900경 - 1600	중국: 첫 청동기 문화인 얼리터우 二里頭 문화 시작 - 하夏왕조의 기반으로 추정.
1822	라르사의 림신 1세(~1763): 이신을 정복하고 강성해짐.				
1813	고아시리아의 39대 왕 삼시 아다드 1세(1781/1719~1688): 마리와 에쉬눈나를 꺾고 제국을 키우나 죽은 후 곧 제국이 쇠퇴함. 얌하드 왕국이 북부 시리아를 장악(에블라, 우가리트, 에마르를 봉신국으로 삼음).				

7. 고바빌로니아 제국의 성립과 붕괴
(기원전 1800~1550)

중기 청동기 2기 B
(기원전 1750~1550)

제국들은 부풀어 올랐다가 꺼지고! 기원전 1800년경, 여러 성읍국가로 갈라져 있던 메소포타미아에 새로운 제국이 태동한다. 바빌론 성읍국가의 함무라비 왕은 먼저 라르사를 비롯한 남부 메소포타미아를 정복한다. 사실 이때 남부의 성읍국가들은 토지의 황폐화로 농업의 기반이 무너져서 무척 허약한 상태였다. 마침내 시리아부터 엘람 고원까지 정복하여 고바빌로니아 제국을 확립한 함무라비 왕은 법전을 제정하고 각종 제도를 정비하여 메소포타미아 일대를 통일하려고 애쓴다. 비록 그가 죽은 뒤 제국은 급속히 쇠퇴하였지만, 그가 남긴 법전과 제도들은 메소포타미아 문화에 지속적으로 영향을 미친다. 그리고 바빌론 성읍은 고대 근동 문화의 중심지로 쭉 자리잡는다.

기원전 1600년경 아나톨리아의 히타이트가 고바빌로니아를 비롯하여 메소포타미아 일대를 정복한다. 그러나 그들이 후르족의 공격으로 이 지역에서 철수하자, 자그로스 산맥 북동부 출신의 유목민인 카시트족이 바빌로니아 영토를 차지하고 왕조를 세운다. 기원전 2000년대 초반부터 유목민들이 사용한 전술, 곧 말이 끄는 병거를 타고 싸우는 획기적인 전술이 이때부터 확산된다.

1. 채색 석고 마스크, 이집트 제2중간기, 수단 출토, 루브르박물관
2. 송아지상과 성소 모형, 기원전 2000년대 전반기, 아스클론 출토, 이스라엘박물관
3. 히타이트 기후신인 황소상, 기원전 16세기, 채색 테라코타, 앙카라 아나톨리아문명박물관
4. 황소 제의, 기원전 1550~1450년, 크노소스 궁전 벽화, 크레타, 이라클리온 고고학박물관

   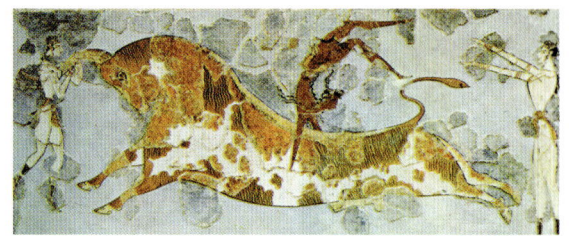

기원전	이집트		팔레스티나
1800	네프르소베크 왕비 파라오(1787~1783/1789~1787)		
		제2중간기	팔레스티나에 대한 이집트의 지배력 쇠퇴, 해상 교역은 지속.
	제2중간기(13~17왕조, 대략 1786~1567)		셈족 사람들이 나일 삼각주 유역(동편의 고센 땅)으로 계속 이주.
	지역 분쟁으로 혼란한 시기.		팔레스티나 서편, 요르단 강 동편 북부에 유목민들이 성읍 건설 시작,
	제13왕조(1785/1783~1648?) 테베 출신, 왕 70여 명		중부 산악지대는 공백 상태.
	중부 이집트 지배(수도: 멤피스 근처 이트즈 토위).		
1700	제14왕조(1720경~1648경)	1700경	북시리아 최고의 무역항 우가리트에서 음소문자를 창안하였다고 추정
	하 이집트 지배했으나 세력 미약(수도: 소이스?).		(후에 페니키아를 거쳐 알파벳 형성).
	1648년경 힉소스족이 이집트의 옛 수도 멤피스 점령		
	(병거로).	1650경	힉소스가 팔레스티나 전역을 다스림. 비블로스 등 주요 교역로 장악.
	제15(·16)왕조(1648경~1540?)		가나안의 주요 성읍은 견고하게 형성되면서 성읍국가로 발전하나
1600	힉소스 왕조, 여섯 왕 재위(수도: 아바리스).		흩어져 있어 동맹체제를 이루지는 못함.
	테베 이북의 하 이집트와 팔레스티나 남부 지배.		일부 성읍국가는 이집트 제15왕조의 통치자를 섬김.
	제17왕조(1648경~1552)		
	상 이집트 지배(수도: 테베).		
1550	마지막 왕 카모세가 힉소스의 아포피스 왕을 공격.	1573	가나안에서 카모세가 전쟁 벌임?

기원전 1800년경에 이집트의 중왕국은 쇠퇴하고 다시금 지방 세력들이 패권을 다투는 두 번째 혼란기에 접어든다. 이 혼란을 틈타 기원전 17세기에 아시아계의 서부 셈족으로 추정되는 집단이 병거와 활을 사용하여 하 이집트를 장악한다. 이집트 역사상 처음으로 '외국 땅의 지배자'[이집트어 '히카우 카수트', 그리스어 '힉소스(hyk: 통치자, sos: 목자)']의 통치를 받게 되었다. 힉소스 왕조는 이집트의 사막신 세트와 가나안 신들을 동시에 섬겼다. 그들을 몰아낸 신왕국 때 이집트에는 힉소스의 폭정을 고발하는 기록이 쏟아졌지만, 사실상 힉소스는 이집트를 심하게 억압하지 않았으며 이집트 종교와 문화 제도를 보존하고 아시아 문화와 새롭게 통합하였다.

주변 지역의 혼란에도 불구하고, 북부 시리아 일대를 장악한 뒤 우가리트, 에블라, 아마르 등을 속국으로 거느린 얌하드 왕국은 상당기간 독립왕국으로 존속한다. 얌하드 왕국의 아랫쪽, 곧 다마스쿠스 이남의 시리아 남부와 팔레스타나 일대의 가나안 지역은 시리아 문화를 기반으로 하면서도 이집트의 정치적·경제적 영향을 크게 받고 있었다. 힉소스의 지배하에서 가나안 성읍국가들도 발전하고, 이집트와의 교류가 활발해진다. 그 중에는 아브라함 집안의 히브리인들도 끼어 있을 수 있으나, 확실치 않다.

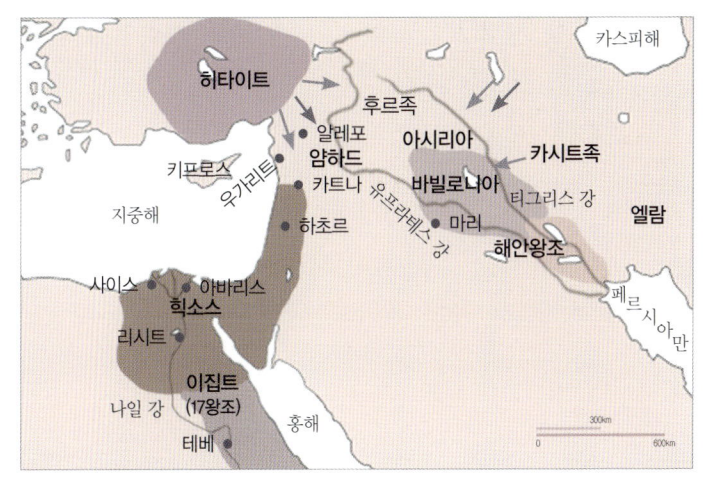

기원전 1600년경의 근동

시리아·메소포타미아		아나톨리아(터키)·그리스		한국·중국	
1792	고바빌로니아 6대 왕 함무라비(1792~1750/1728~1686) 라르사(1763), 에쉬눈나(1761), 마리(1761) 정복. 시리아에서 엘람 고원에 이르는 제국 건설 – 최고 전성기. 중앙집권 정책. 함무라비 법전 제정(1755경). 달력·도량형 통일, 대수학 발달, 아카드어를 국어로 채용.	1750경	아나톨리아: 쿠사라의 아니타가 소왕국 정복 (아니타 왕조– 히타이트 왕국의 시조).		한국: 후기 신석기 시대
1781	고아시리아: 이쉬메 다간(~1741) 즉위. 이후 암흑시대	1700경 -1600	크레타, 선형문자 A 사용.		
	함무라비 죽은 뒤에 고바빌로니아 제국은 약화된 채 지속. 하나(테르카) 성읍 왕국이 마리에 이어 유프라테스 강 중류 지역을 차지, 남쪽 하구에는 해안왕조가 세워짐. 후르족의 여러 왕조가 유프라테스 강 중류에 세워짐.	1650/1565경	히타이트 고왕국(~1500) 수립(수도: 하투샤) 하투실리 1세(~1620경/1540) 영토 확장, 후르족과 싸움.	17세기	중국: 상商 왕조 성립 추정. 17대 31왕, 약 600년 존속. 봉건제도, 갑골문, 목축업, 벼·보리·기장 재배, 청동 제기 제조, 수레 제작.
1595경/ 1531	히타이트의 무르실리 1세: 얌하드·하나 왕국·고바빌로니아 제1왕조를 멸망시킴. 시리아와 메소포타미아에서 이때쯤 유리그릇이 만들어짐.	1620/1540경 1600	무르실리 1세(~1590경/1530) 바빌론 정복, 피살. 그리스의 미케네 문명 (~1200)		

8. 이집트 제국의 등장
(기원전 1550~1400)

후기 청동기 1기
(기원전 1550~1400)

신흥세력들이 새 나라를 속속 세우는데! 기원전 16세기에 메소포타미아 북부와 시리아 동북부에 걸쳐 새로운 이주민인 후르족 등이 미탄니 왕국을 세우고 급성장한다. 얼마 뒤에는 아나톨리아의 히타이트가 에게 해에서부터 시리아의 다마스쿠스에 이르는 대제국을 빠르게 건설하면서 새로운 강대국으로 부상한다. 기원전 15세기에 해안 왕조를 병합하여 페르시아만의 무역로를 연 카시트-바빌로니아 왕조 역시 부를 쌓으며 근동 일대에 영향력을 행사한다. 그들은 '바빌로니아 왕'으로 자처하며 이집트와 대등한 자격에서 편지를 주고 받는다(아마르나 문서). 그런 가운데 바빌론 성읍의 수호신인 마르둑 신이 메소포타미아 일대의 주요 신으로 부각된다.

이때 이집트도 이민족 지배자를 쫓아내면서 신新왕국을 형성한다. 이후로 파라오는 적과 싸우는 불굴의 전사가 되고 이집트를 외적으로부터 지키는 수호자 역할을 하게 된다. 아울러 이집트는 상비군을 구성하고 힉소스의 유산인 병거를 활용하며, 공격적인 팽창정책을 전개한다. 그리하여 신왕국은 이집트 역사상 가장 역동적이고 강력하며 부유한 제국을 이뤄낸다. 신왕국의 실질적인 기초를 놓은 이는 투트모시스(투트모세) 1세이다. 그는 수도

1. 정원, 이집트 제18 왕조, 민나크트 무덤 벽화
2. 뱀 항아리, 기원전 2000년대 중반, 출토지 불명, 이스라엘박물관
3. 황금 펜던트, 풍요의 여신(아스타르테?), 기원전 16세기, 가자 근처에서 출토, 대영박물관
4. 미노아 여인, 기원전 1550~1450년, 크노소스 궁전 벽화, 헤라클리온 고고학박물관
5. 토기 항아리, 기원전 1850~1700년, 중기 미노아 양식, 헤라클리온 고고학박물관

기원전	이집트		팔레스티나
1550	신왕국(제18-20왕조, 1552/1550~1069)	16세기 하반기	가나안 일대의 주요 성읍들 파괴, 인구 격감 – 이집트의 아흐모세 1세부터
	제18왕조(1552~1306/1550~1295)		투트모시스 1세 때까지 힉소스의 거점을 파괴하려는 원정의 결과로 추정함.
	아흐모세 1세 카모세의 동생으로 힉소스를		당시 가나안의 성읍국가는 작고 약했으며 하초르(인구 2만 추정: 여호 11,1)
	완전 추방. 수도: 테베, 누비아 정벌.		가 제일 컸고 세켐·므기또·게제르·예루살렘 등이 큰 성읍이었음.
	투트모시스 1세(1507~1494/1504~1492)		가나안에도 후르족이 증가함.
	멤피스 천도, 유프라테스 강까지 원정.	1525경	알레포 파괴(히타이트의 무르실리 1세에 의해).
	하트셉수트 여왕(1490~1469/1479~1458)		
	남장한 파라오로 누비아 정벌,		
	홍해 남단의 푼트와 교역함.	1469/59	투트모시스 3세의 가나안 원정 – 므기또, 게제르 등 119개의 가나안 마을을
	투트모시스 3세(1490~1436/1479~1425)		점령, 파괴함. 알레포 근처에서 미탄니 격퇴. 산악지대와 남부지역 인구 격감.
	33년의 치세 중 17번 가나안 원정.		이후 200여 년 이상 이집트가 남부 시리아와 팔레스티나, 요르단 강 동편,
	최대 영토(총면적 64만㎢) 이룸.		페니키아 장악. 성읍국가들이 이집트 봉신으로 존속.
	투트모시스 4세(1412~1403/1398~1390)		
	미탄니 왕국과 평화협정(50여 년 지속)		
	아멘호테프 3세(1403~1364/1390~1352)	1430/17	가나안에 대규모 반란 – 아멘호테프 2세(1438~1412/1425~1398: 아메노피스 2세)
1400	제18왕조 최대의 번영기, 평화시대.		의 강력한 진압으로 이집트의 팔레스티나 지배 확고해짐.

를 멤피스로 옮기고, 테베에는 성벽을 두른 카르나크 신전을 대규모로 지어 아몬-레 신을 섬기는 국가성소로 삼는다. 또 피라미드 건설을 금지하고 대신 테베 서편의 바위산 지하에 '왕의 무덤'을 만든다. 투트모시스 3세 때까지 점령된 이집트 영토는 수단에서 시리아 북부의 유프라테스 강변까지 이르는 최대 영역으로, 미탄니 왕국 및 히타이트와 국경을 맞대며 충돌과 갈등을 빚는다.

투트모시스 3세의 므기또 전투를 시발점으로 하여 가나안 지역은 이집트의 직접적인 지배를 받게 된다. 간헐적으로 발생한 가나안의 반란은 즉시 무자비하게 진압된다. 가나안의 성읍국가들은 이집트에 조공을 바치며 지속적으로 착취를 당하는 처지에 놓인다. 가나안에서 생활하던 목축민들은 처지에 따라 목축과 농경을 병행하나, 그들을 통제하려는 성읍국가와 마찰을 빚는다(그들 중의 한 무리인 아브라함의 후손들도 목축민으로 살다가 이집트로 이주한 것으로 여겨진다. 창세 12,10-20; 20,1-18; 26,6-11 참조). 그 당시 셈계 목축민들의 입양이나 혼인, 수호신 등등의 풍습에 대해서는, 20세기에 티그리스 강변의 누지에서 발굴된 후르족의 토판(기원전 1550~1400)을 통해 제한적이긴 하지만 유용한 정보를 얻고 있다.

기원전 1500년경 고대 근동 세계
(이집트 제18왕조의 투트모시스 1세 시대)

시리아·메소포타미아		아나톨리아(터키)·그리스		한국·중국	
1530경	카시트족이 바빌로니아 지역에 왕조 수립(~1155년경까지, 수도: 바빌론). 남쪽에 있는 해안왕조와 각축을 벌이며 정체 상태, 아시리아도 명맥만 유지.	16세기	크레타에서 **미노아 문명**이 전성기를 누림.	16세기	중국: 상 왕조의 15대 탕 왕이 하 왕조를 멸망시켰다고 전함 - 이후 상 왕조가 본격적인 국가체제를 갖춤, 빼어난 청동기 제작.
1500경	후르족과 인도-아리아계 이주민들이 동쪽·북쪽에서 침투, 아시리아를 위협. 하부르 강과 티그리스 강 사이 메소포타미아 북서부에 미탄니 왕국 건설 추정(수도: 와시수칸니). 병거 사용.	1500경	히타이트 중中왕국(1500~1430/1420) 시작. 펠로폰네소스 반도의 미케네가 큰 지진으로 약화된 크레타를 점령하여 미노아 문명 계승. **미케네 문명**이 그리스의 후기 청동기 문화를 주도(1400~1200)하며 이집트와 교류.	1500경	인도: 인도-아리아계 이주민 침입, 쇠약해진 인더스 문명에 마지막 타격 가함. 베다 시대(~900) 개시.
1480/70경	미탄니의 파라타르나 왕이 지중해까지 영토 확장. 카시트-바빌로니아 왕조는 이집트와 교류(아마르나 문서).				
1430경	미탄니의 사우쉬타타르 왕 때 아수르, 누지, 알레포 점령. 자그로스 산맥에서 길리기아에 이르는 최대 영토 차지.	1430/20경	**히타이트 제국**(~1210?) 투드할리야 1세(~1400) 건설, 쐐기문자 사용.		
1409/1399경	미탄니, 아시리아를 병합함.				

9. 제국들이 교류하는 국제화시대
(기원전 1400~1200)

후기 청동기 2기

(기원전 1400~1200)

제국의 시대에 벌어진 이집트 탈출! 후기 청동기 시대는 제국의 시대이다. 각 제국은 서로 견제하면서도 활발하게 교류하여 일찍이 없던 국제화시대를 이룬다. 아나톨리아에는 히타이트가, 북부 메소포타미아에는 아시리아가 새로운 강대국으로 부상하면서 점차 남부의 카시트-바빌로니아를 압박한다. 시리아 북부엔 미탄니 왕국이, 그리스에는 미케네 왕국이 번성한다. 하지만 이집트 신왕국이야말로 가장 넓은 영토를 가장 오랫동안 안정적으로 다스리며 최고의 부를 누린 제국이라 할 수 있다.

이집트 제18왕조의 아멘호테프(아켄아텐) 4세는 나일 강 중류에 새 수도를 건설하고('아케트 아텐': 상주인구 3만 추정), 전통적인 아문 신 대신 아텐 신(태양신)을 유일신으로 섬기는 종교개혁을 단행한다. 그러나 기존 세력의 반발에 부딪쳐 다음 대인 투탕카문 때에 모든 것이 되돌려지고 만다. 새롭게 권력을 이어받은 제19왕조는 테베의 아문 신전을 대규모로 증축하는 동시에 가나안 일대까지 장악한 제국의 새 수도를 나일 삼각주 동편에 건설한다(탈출 1,11). 라메세스(람세스) 2세는 북부 시리아로 진격하여 히타이트와 자웅을 겨루지만, 주변 세력의 득세를 우

1. 아켄아텐의 왕비 네페르티티로 추정, 기원전 1350년경, 멤피스 출토, 이집트박물관
2. 키프로스의 알라시야가 보낸 아마르나 문서 토판, 기원전 1380년경, 베를린박물관
3. 므기또 화병, 기원전 1300년경 가나안 시대, 시카고대학교 동양연구소
4. 황소 형태의 도기, 기원전 15~14세기, 우가릿 출토, 시리아 다마스쿠스박물관
5. 카데시 조약 비문, 기원전 13세기 중반, 아카드어, 하투샤 출토, 이스탄불 고고학박물관

기원전	이집트		팔레스티나
1400	아멘호테프 4세(아켄아텐 364~1347/1351~1334)	1400경	아람족의 시리아 이주, 우가리트 왕국 건설 추정 – 서사시, 신화 등 기록.
	1361년경부터 종교개혁 단행, 아케트 아텐(현재의 아마르나)으로 천도 – 아마르나 시대(제국 확립기)	1360경	가나안 성읍국가에서 이집트의 아마르나로 정세를 보고함.
	투탕카텐(투탕카문 1345~1335/1336~1327)		아마르나 문서에 따르면, 이집트는 가자, 벳 스안, 페니키아의 수무르,
	테베로 복귀, 종교개혁을 뒤집음(이름도 투트 앙크 아텐에서 투트 앙크 아문으로 개명).		시미야에 통치본부를 설치하고 실질적으로 가나안을 지배함. 문서 중에 아피루인들이 언급됨(필기 언어는 당시 국제어인 아카드어).
		1360/35?	히타이트의 시리아 공략, 우가릿이 속국으로 됨.
	제19왕조(1306~1187/1295~1187)	1286/74	시리아의 카데시에서 이집트와 히타이트 전투.
1300	초대 라메세스 1세(1306~1305/1295~94)	1269/59	이집트와 히타이트 평화협정으로 이 지역 안정.
	2대 세티 1세(1305~1290/1294~1279)		
	3대 라메세스 2세(1290~1224/1279~1213)	13세기 중반경	이스라엘 백성의 이집트 탈출 추정
	새 수도 건설, 대규모 신전 세움. 히타이트와 평화 협정 체결. 당시 이집트 인구는 280만 명 추정.	1220/09/07	메르네프타 비문에 따르면, 이스라엘은 가나안 산악지대에 부족 형태로 존속했던 것으로 추정('성읍국가가 아닌 하나의 '종족').
	4대 메르네프타(1224~1204/1213~1204)		에돔, 모압, 암몬족도 이스라엘과 비슷한 시기에 요르단강 동편에
	1220/09/07경 가나안 원정(승전비)		정착한 것으로 추정.
1200	해양종족(에게 해에서 온 바다 사람들)의 공격 격퇴.	1220/00경	2400년 이래 폐허였던 아이에 작은 촌락 건설(–1050년경에 사라짐).

려하여 평화협정을 맺는다.

이 당시 이집트는 가나안의 성읍국가들을 장악하고 있었다. 성읍국가는 주요 교역로에 위치한 하나의 성읍을 중심으로 주변 촌락을 거느리는데, 소규모의 성읍국가들끼리 서로 견제한다. 기원전 14세기에 아멘호테프 3세와 4세에게 보낸 가나안과 주변국가의 외교문서에는 이 지역의 상황이 잘 나타나 있다(아마르나 토판 382개 중 350개가 편지임). 가나안의 군주들은 다른 성읍국가 군주의 반란 음모나 '아피루' 같은 유랑민들의 공격, 레바논 북방 아무르 왕국의 침략을 호소하며 이집트의 무력 지원을 요청한다(요청하는 군대 규모가 100명 또는 50명인 점으로 보아 소규모 전투였음). 이렇게 제국들이 세력다툼하던 기원전 13세기 하반기에 이집트에서 탈출한 일부 히브리인들을 비롯한 여러 부족이 팔레스티나 중부 산악지방에 정착하기 시작한 것으로 추정된다. 기원전 15~13세기에 시리아 북부에 번성했던 우가리트 왕국(왕궁 면적 10000㎡)에서 발굴된 토판과 1970년대 에마르에서 출토된 기원전 13세기 토판을 통해 당시 가나안의 문화적 바탕을 잘 이해할 수 있다. 특히 우가리트 토판에는 최고신 엘과 배우자 아세라, 풍우신 바알 등 가나안 종교문화의 특징과 신관이 잘 드러나 있다. 이러한 가나안의 종교문화는 구약성경을 이해하는 데 많은 도움을 주고 있다.

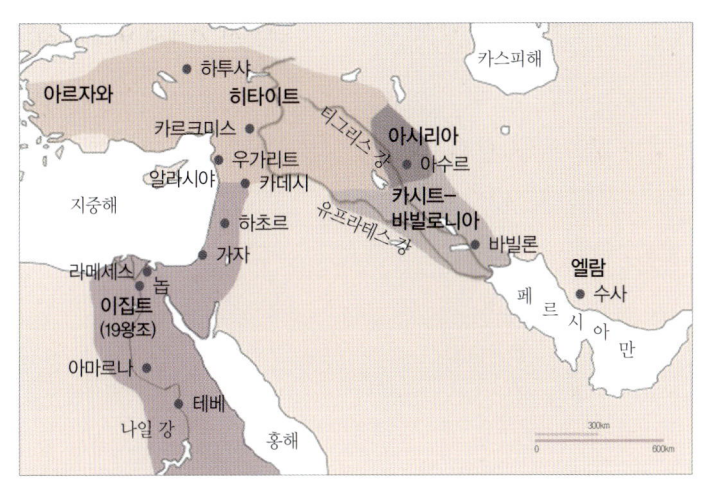

기원전 1300년경 고대 근동 세계

시리아·메소포타미아		아나톨리아(터키)·그리스		한국·중국	
15세기	카시트-바빌로니아가 해안왕조 병합. 이때쯤 시리아-팔레스티나에서 알파벳 창안 추정?	14세기	히타이트, 숯을 이용하여 탄소강 제작.	1400경	일본: 벼와 보리 재배 시작.
1350경	아시리아의 아수르 우발리트 1세(1365~1330/1353~1318), 미탄니 멸망을 틈타 독립하여 아시리아 부흥 시도. 최초로 '왕'이라 자처. 그가 죽은 뒤로 중中아시리아 왕국은 히타이트·바빌로니아·이집트와 함께 강대국으로 여겨짐.	1350/40경	히타이트의 수필루리우마 1세(1355~1320/1344~1322) - 미탄니·에마르·아무르 왕국 정복, 제국 확장.		
		1320경	무르실리 2세(1321~1295/1318~1290) 서부 아나톨리아의 토착왕국 아르자와 정복, 제국 확장. 주변 강대국과는 친선 유지(예: 아마르나 문서).		
1307	아시리아의 아다드 니라리 1세(1307~1275/1296~1264)가 세력 확장. 현재의 이란 남서부에 있던 엘람 왕국이 부흥. 대략 이때쯤 철의 야금술이 발명됨.	1295	무와탈리 2세(~1282/1290~1272) - 라메세스 2세와 카데시 전투(1286/74).	1300경	중국: 20대 왕 반경 때 상 왕조가 은으로 천도한 뒤 은 왕조로 불림. 은 왕조 말기에 갑골문자 사용. 밀 재배 시작.
		1275	하투실리 3세(~1250/1266~1236) - 이집트와 평화협정 체결(1259).		
1274	아시리아의 살만에세르 1세(1274~1245/1264~1234)	1250경	트로이가 파괴됨. 《일리아스》		
1244	아시리아의 투쿨티 닌우르타 1세(1244~1208/1233~1197) 바빌로니아 정복(1223), 근동의 패권 쥠. 강제 이주 정책 최초 실시. 새 왕도 건설(사후 15년만에 바빌로니아 상실).	1230/20경	미케네 성 파괴.		
		1214	수필루리우마 2세 즉위 - 히타이트 멸망(1210/05/1190 해양종족 침입?).		

10. 이스라엘 민족의 가나안 정착
(판관시대: 기원전 1200~1000)

철기 시대 1기
(기원전 1200~1000)

폐허에 희망의 새싹은 돋고! 후기 청동기 시대가 끝날 무렵, 근동 일대가 큰 혼란에 빠진다. 히타이트가 사라지고, 이집트는 에게 해와 아나톨리아 쪽에서 밀려온 해양종족의 공격, 기근과 내전, 서부 국경의 붕괴 등으로 혼란스런 제3중간기에 접어든다. 아시리아와 바빌로니아도 일시적으로 혼란기에 빠진다. 고전 가나안 문화의 중심지인 북부 시리아와 팔레스티나의 해안에 있던 성읍들도 거의 파괴된다. 국제 교역망의 붕괴로 주석 공급이 부족하여 청동기 제조도 급감한다. 이런 충격적인 변화의 원인은 아직 분명치 않다. 다만 지중해와 근동 일대에 계속 심한 가뭄이 들어 양식이 부족하고, 그 결과 많은 민족이 대거 이동하면서 폭력을 동반한 급격한 변화가 야기되지 않았나 추정할 뿐이다.

이집트의 지배력이 약화된 팔레스티나에 새로운 세력들이 속속 등장한다. 가나안의 중앙 산악지대에는 이스라엘 민족이, 요르단 강 동편에는 같은 셈계의 암몬, 모압, 에돔 민족이 촌락을 이루며 정착생활을 시작한다. 이 일대에 대한 고고학 조사에 따르면, 후기 청동기 시대에 88개였던 촌락이 철기시대에 들어가면 678개로 급증한다(93%가 신규

1. 이집트의 외국인 포로들. 오른쪽부터 히타이트인, 가나안인, 시리아인, 누비아인, 리비아인. 라메세스 3세의 장의전, 이집트박물관
2. 필리스티아인의 채색화병, 기원전 11세기, 므기또 출토, 이스라엘박물관
3. 수호자 스핑크스, 기원전 12세기, 청동, 키프로스 제조, 예루살렘 성지박물관
4. 미케네 전사들, 기원전 1200년 이후, 화병 그림, 아테네 국립고고학박물관

기원전	이집트	팔레스티나
1200		**가나안 정착시기: 판관시대**
	제20왕조(1186~1069)	1190경 해양종족이 동부 지중해 해안에 대거 이주하여 정착(6개 종족 연합).
	2대 라메세스 3세(1184~1152)	1150경 필리스티아족, 가나안 남부 해안에서 북부와 내륙으로 진출(영역 1000㎢).
	두 번째로 온 해양종족을 격퇴하고 (1176/5년경) 가나안 남서해안에 정착시킨 유능한 왕. 그 뒤 이집트 쇠퇴, 가나안에 대한 통제권 상실.	독특한 초기 그리스 문화 전파, 2색 도기 사용, 돼지 사육, 포도주 생산 활발. 이스라엘 민족도 인구 증가로 점차 정착지를 넓혀감(이주, 때로는 전투).
		1125~ 단 지파가 필리스티아에 밀려 해안에서 북부 내륙으로 이주.
1100		1000 대상들이 낙타를 이용하기 시작.
	제3중간기(1080~945)	'미리암의 노래', '드보라의 노래'(판관 5장) 형성 – 드보라의 노래에 따르면, 이스라엘의 6개 지파만 가나안과의 전투에 참여, 4개 지파는 참여 안함.
	1080 아문 대사제를 중심으로 상 이집트의 테베 정권이 '부흥기' 선언(~1074).	판관 기드온이 미디안족(11세기 전에는 우호적, 이후 적대적) 격퇴.
	1075경 페니키아 방문기인 '웨나몬 이야기'	이스라엘과 필리스티아족이 접경지역에서 충돌 · 교류 (예: 판관 3; 13-16장).
	제21왕조(1069~945)	1060/50경 사무엘 시대, 필리스티아 세력의 전성기 맞음.
	스멘데스(1069~1044) 왕조 시작, 하 이집트 통치(수도: 타니스).	1050경 에벤 에제르 전투: 필리스티아족이 이스라엘군 대파하고(1사무 4장), 에프라임 산악지대까지 지배권 확장. 게바 등지에 수비대 설치(1사무 13,3), 실로 파괴.
1000	국가 분열(상 이집트: 테베 대사제 통치)	1020경 사울, 이스라엘의 첫 임금으로 즉위(1020~1000/1012~1004).

정착지). 이들은 철기 및 물 저장시설의 개발에 힘입어 산지에서 곡물을 생산할 수 있었다. 이스라엘의 정착 후 한두 세대 뒤에 필리스티아족이 나타난다. 해양종족 연합체의 일부인 이들은 이집트에서 쫓겨난 뒤 가나안 남부 해안 평야에 정착한다. 이로써 기존 가나안 주민들은 중부 산악지대로 쫓겨가 새로 이주해 온 여러 종족과 뒤섞이게 된다.

초기 이스라엘은 각 가구로 구성된 씨족이 100–300명 정도씩 한 마을을 이루어 거의 자급자족하는 부족사회였다. 그들의 영역은 중부 산악지대를 중심으로 요르단 강 동편까지 흩어져 있었으며 농사를 주로 짓고 목축과 과수를 겸해 살아갔다. 출신은 다양하나 같은 영토에서 사회 경제적 이해관계를 같이하고, 특히 주변 종족과 다른 야훼 신앙을 공유하는 '주님(야훼)의 백성'(판관 5,13)을 이루었다. 평소에는 부족의 원로들이 자율적으로 다스렸으나, 위기에는 전쟁영웅격인 '판관'이 등장하여 여러 지파를 이끌었다. 시간이 흐르면서 청동 및 철제 무기로 무장한 필리스티아와 암몬(1사무 11장) 등이 농경지 확대를 위해 점차 이스라엘 영역을 위협하였다. 이스라엘 역시 인구 증가로 농경지 확보가 절박했으나 조직과 기술에 뒤져 오히려 영토를 빼앗겼다. 마침내 이스라엘은 생존하기 위해 느슨한 연합체에서 왕정체제로 바꾸고 사울을 첫 임금으로 뽑았다. 사울은 적을 물리치고 영토를 지키나 전사하고 만다.

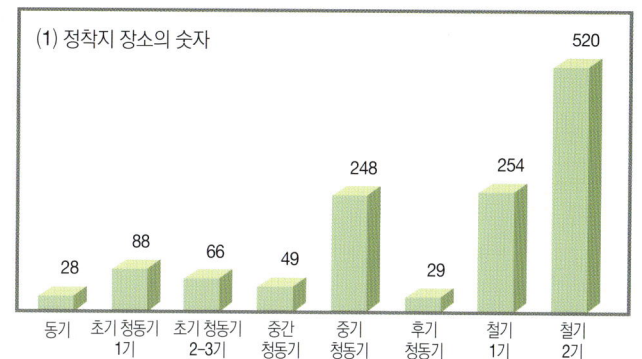
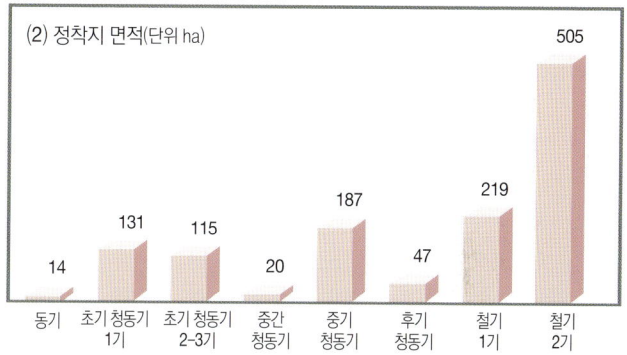

동기시대부터 철기시대 2기까지 팔레스티나 중부 산악지대의 정착지 변화
(자료: Levy,T.E. ed., *The Archaeology of Society in the Holy Land*, 355)

시리아·메소포타미아		아나톨리아(터키)·그리스		한국·중국	
1200경	국제 교역의 중심지 우가리트 멸망(해양종족으로 인해?). 아람족이 북부 시리아와 메소포타미아 북쪽에 정착.	1200~1100경	그리스 문명의 암흑기 도래 (~800): 원인은 가뭄, 지진, 내정 불안, 이민족 급습 추정. 도리아인이 펠로폰네소스 반도로 남하하는 가운데 아테네를 제외한 미케네, 키프로스 등 동지중해 도시들이 많이 무너져 미케네 문명 붕괴됨. 본토 그리스인들이 아나톨리아 서남부 해안, 시리아, 이탈리아 등지로 이주.	1200경	중국: 상 왕조의 청동기 문화 한국: 후기 신석기 시대 일본: 조몬(신석기) 시대
1160~50경	엘람이 바빌로니아를 심하게 약탈함.				
1155경	카시트–바빌로니아 멸망. 이신의 네부카드네자르가 바빌로니아 제2왕조를 수립함(1155~1027 존속).			1046–43경	중국: 주 왕조의 무왕, 상 왕조를 무너트리고 본격적인 주 왕조 시작, 호경(시안)으로 천도, 콩 재배 시작.
1141	이신 제2왕조의 네부카드네자르 1세(1126~1105)가 엘람을 이기며 세력을 잠시 뻗다가 쇠퇴. 이때쯤 바빌로니아 창조서사시인 '에누마 엘리시' 형성?				
1114	아시리아의 티글랏 필에세르 1세(~1076) 때 군사력 절정, 통상로를 확보하기 위해 서방 원정. 티로와 시돈, 비블로스, 아라두스에서 조공 받음.			1042	주의 성왕 때 섭정인 주공이 반란(관채지란)을 제압. '주례' 확립.
1070경	아시리아군, 페니키아에 진주(목재 획득하기 위해).	1100경	서부 아나톨리아에 프리기아, 동남부에 신히타이트 소국들 존속. 아리아인, 인도 대거 이주. 라틴인, 이탈리아에 정주 시작. 페니키아 알파벳 형성 추정.		
1050경	가뭄과 아람족 공격으로 바빌로니아, 아시리아, 엘람 위축.			1036	낙읍(뤄양)을 동쪽 수도로 삼음.
1026	바빌로니아에 두 번째 해안왕조(1026~1006), 바지 왕조(1005~986) 수립 추정. 아수르 라비 2세가 신新아시리아 왕조를 창건.			1021	강 왕 즉위, 주나라의 전성 시대 맞음.

2. 이스라엘의 왕정 시대(기원전 1000~586)

구약성경의 전승과 형성 시기

◀ 남쪽 상공에서 바라본 예루살렘. 처음에는 '다윗의 도성'(양쪽 길 사이의 언덕)뿐이었는데, 북쪽으로, 다시 서편으로 넓혀졌다.

11. 통일 이스라엘 왕국의 건설
(기원전 1000~922)

철기시대 2A기

(기원전 1000~900)

1. 마아카레 목관 뚜껑(부분), 제21왕조, 테베 출토, 이집트박물관
2. 게제르의 농사달력, 기원전 10세기, 게제르 출토, 이스탄불 고고학박물관
3. 모압의 폭풍신, 기원전 11~10세기, 현무암 부조, 요르단강 동편 출토, 루브르박물관
4. 사자 두 마리가 양각된 황금그릇, 기원전 12~10세기, 이란 북부 출토, 테헤란박물관
5. 켄타우로스 신상, 기원전 10세기 말, 테라코타, 레프칸디 출토, 에레트리아 고고학박물관

영광은 잠시 빛나다 스러지고! 기원전 1000년경 근동지역은 특정 강대국이 없이 기존 세력과 신진세력이 균형을 잡느라 숨고르기에 바쁘다. 메소포타미아 지역의 왕국들과 이집트가 다른 나라를 넘볼 여유를 갖지 못하고 있을 때, 시리아와 메소포타미아 북부에는 아람족이 여러 개의 소규모 신흥국가를 형성한다. 왕정체제에 접어든 이스라엘에는 필리스티아 및 암몬 위협 외에도 인구의 증가와 경작지 확장, 철기 도구의 확산에 따른 기술 혁신, 이를 위한 철광석 무역과 전문인력 양성 등 새로운 문제가 몰아친다. 사울이 죽은 뒤 유다의 임금이 된 다윗은 필리스티아족의 기세를 결정적으로 꺾은 다음, 주변 국가들을 정복하면서 문제를 풀어간다. 정복전쟁은 포로로 노동력을 보충하고 전리품과 조공을 통해 국가 건설을 위한 재원을 확보하는 측면에서 중요한 의미를 갖는다.

유다 임금 다윗은 북쪽 지파들과 계약을 맺어(2사무 5,3) 최초로 통합된 이스라엘 전체의 임금이 된다. 그러나 이 통일 이스라엘은 얼마 안 가서 다윗 '개인'에 의해 이루어진 양쪽 나라의 결합이라는 결정적인 취약점을 드러낸다. 또 다윗은 어느 지파의 영역에도 속하지 않는 예루살렘을 점령, 통일왕국의 도성으로 삼는다. 전통적인 지

기원전	이집트	팔레스티나
1000	제21왕조	1000경 **다윗**(1000~961/1004~965)
	프수센네스 1세(1039~991)	유다 임금으로 즉위하여 7년 6개월 재위 후 통일 왕조를 세움.
	아멘엠오페(993~984)	예루살렘 성읍국가를 점령, "다윗 성"(2사무 5,7: 다윗 왕실 직할 성읍)으로 삼음.
	오소코르(984~978)	예루살렘에 야훼의 계약궤를 모셔 정치, 종교의 중심지로 정함.
		975경 필리스티아인의 기세를 꺾어 해안 5개 성읍으로 한정시킴(2사무 5장).
	시아문(978~959/964~956)	초바(아람국) 등 주변 국가를 병합. 또는 속국 관계, 동맹조약 맺음(2사무 8장).
	게제르 점령(1열왕 9,16)	가나안(이집트) 식으로 관료제도 정비(2사무 8,16-18; 20,23-26).
	파라오의 딸과 솔로몬 결혼(?)	압살롬의 반란 진압(2사무 15-19장).
		961경 **솔로몬**(961~922/965~926) 즉위.
	프수센네스 2세(959~945)	영토 확장 대신 내정과 건축사업, 외교에 치중, 학교 세워 지혜문학 육성 추정.
		재위 4년에 예루살렘 성전 건축 기공(길이 32m 폭 10.7m 높이 15.8m 추정,
		당시 시리아-가나안 신전과 형태는 비슷, 규모는 최대), 궁전 등 대형 건물 신축.
	제22왕조(945~715)	**다윗의 왕위 계승사**(2사무 9-20장; 1열왕 1-2장), **야훼계 전승 문헌** 형성?
	셰숀크(시삭) 1세(945~924/935~914)	이스라엘 지역(유다 제외)을 12지방으로 나눠 양식과 조세 거둠(1열왕 4,7).
	리비아인으로 새 왕조 설립(수도: 타니스).	925경 이집트의 파라오 셰숀크 1세가 가나안을 지배하려고 침략(이집트 기록에 따름).
	부바스티스 사제 출신으로 왕권 강화.	
922	재위 21년에 가나안을 공격.	

파체제의 영향권에서 벗어난 이 도성은 새 왕조의 수도로 매우 적절하다. 다윗은 야훼의 계약궤를 예루살렘에 모심으로써 새 수도를 전통과 연결하고, 왕권과 관련된 국가제의를 확립하며, 야훼를 이스라엘의 국가신으로 공인한다. 이러한 그의 활동은 후대에 큰 영향을 미친다. 특히 다윗 왕조의 영속성에 대한 예언(2사무 7,16)과 예루살렘 성전은 이후 왕정(시온)신학의 기초로서 이스라엘의 종교사에서 결정적으로 주요한 자리를 차지한다.

아들 솔로몬이 다윗의 왕위를 물려받으면서 다윗 왕조가 형성된다. 솔로몬은 이집트 방식에 따라 관료제를 체계화하고(1열왕 4,16), 혼인을 통한 동맹외교를 추진하며, 지혜문학 등 선진문화를 도입한다. 또한 바다를 통한 국제교역을 전개하여 키프로스산産 자기 같은 사치품들을 대거 수입한다. 또 다양한 철기 제품을 개발하여 본격적인 철기시대를 연다. 특히 그가 신축한 성전과 궁전 등의 대형 건물은 왕권을 강화하고 임금의 권위와 다윗 왕국의 대외적인 이미지를 높이는 효과를 가져온다. 게제르, 므기또, 하초르 등 거점 성읍에는 요새와 성문, 관청 등이 들어선다. 고고학에서 그의 치적은 논란거리이지만, 그의 왕권 강화 과정에서 내부 갈등은 점점 커진다.

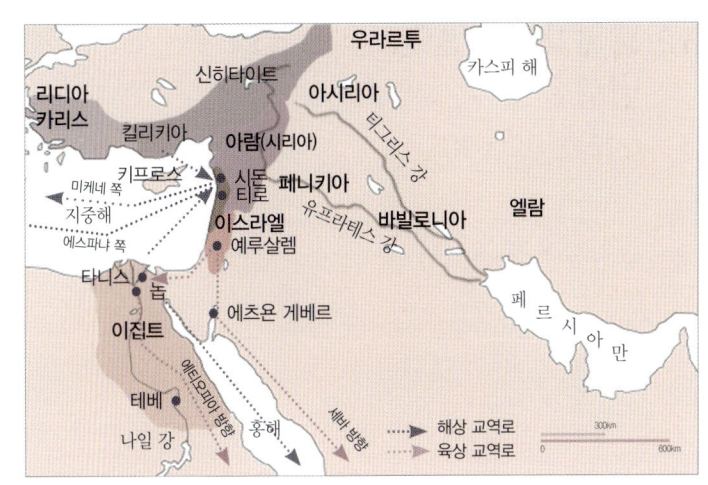

솔로몬 시대의 교역로

시리아·메소포타미아		아나톨리아(터키)·그리스		한국·중국	
1000경	페니키아가 지중해에서 무역활동을 활발하게 펼침. 당시 페니키아에서 가장 강성한 성읍국가는 시돈. 아람족이 북부 시리아와 메소포타미아 북쪽에 여러 부족국가 건설 추정(아람 초바, 비트 아구시 등). 바빌로니아 지역은 혼란스럽고, 아시리아는 국내의 잦은 지역 분쟁에 대처하느라 분주함.	1000경	아나톨리아 남동부와 시리아 북부에는 소규모의 신新히타이트 국가(하맛·크웨·파티나·구르굼 등)들이, 동부에는 우라르투 왕국이 건설됨. 그리스에도 부분적으로 교역 활동이 다시 시작됨. 로마는 청동기 시대 말기로 계층화된 촌락 공동체 증가.	1000경	한반도 북부: 청동기 문화 시작(남부는 900년경 시작; 민무늬토기 등장시기로 청동기 문화 시기를 산정하나 지역간에 차이가 큼). 북부 청동기 문화는 남부 시베리아-북방 오르도스 지방의 청동기 문화에서 기원된 것으로 추정.
980경	비블로스: 아비바알이 왕정 수립 추정.			10세기 초	중국: 청동기 주조 기술, 농업 발달.
968~35경	티로 임금 히람 1세(970/69~936/26), 이스라엘과 교역. 초바 임금 하닷에제르의 신하인 아람인 르존이 다마스쿠스 점령, '아람 다마스쿠스' 왕국 건설(1열왕 11,23-24).	950~750경	페니키아 알파벳이 그리스로 전래.		
934	아수르 단 2세(~912), 신아시리아의 국력을 키움.				

12. 통일 이스라엘의 남북 분열
(기원전 922~900)

철기시대 2B기
(기원전 900~700)

통일은 잠깐. 분열은 지속! 이 당시 메소포타미아에서는 아시리아가 강대국으로 급속히 부상하고, 이집트에서는 하 이집트를 장악한 리비아 출신의 셰숀크(시삭) 1세가 세운 제22왕조가 강력한 왕권을 구축한다. 점차 통합되어 강력해지는 주변 국가들의 추세와 달리 이스라엘은 분열의 위기를 맞는다.

지파 중심이었던 이스라엘은 기원전 10세기에 중앙집권적인 왕정체제로 급속하게 변모한다. 다윗 왕정의 거점이었던 성읍들과 유다 지역에서 변화는 한층 두드러지게 나타난다. 하지만 대부분의 촌락은 그리 크게 달라지지 않았다. 곳곳의 지방성소와 사제들이 그대로 남아 있고, 재판 등 많은 분야에서 지방분권적인 지파 전통이 여전히 강력하게 작용하고 있는 실정이다. 특히 이집트 탈출 전통과 지파 전승이 더 강하게 살아 있던 북쪽 지파들은 여러 면에서 유다와 상당히 다른 면모를 지니고 있다. 솔로몬이 죽자 북쪽 지파들은 예로보암을 대표로 앞세우고 스켐에 모여 새 임금 르하브암에게 자신들이 당하고 있는 차별대우, 즉 과다한 조세와 부역을 시정해 달라고 청원한다. 이 청원이 받아들여지지 않자, 그들은 자체 독립의 길을 택한다. 결국 이스라엘 왕국은 남쪽 유다와

1. 이집트 제22왕조 오소르콘 1세의 부조, 기원전 9세기 초, 분홍색 화강암, 루브르박물관
2. 제의용 받침대, 기원전 10세기 말, 가나안 토기, 다아낙 출토, 이스라엘박물관
3. 신에게 봉헌하는 수루멜리 왕 부조, 기원전 900년경, 신히타이트, 현무암, 앙카라박물관
4. 여신의 모습을 새긴 미탄니 방패, 기원전 10세기, 이란의 루리스탄 출토, 테헤란박물관

기원전	이집트	유다	북이스라엘
922	제22왕조 오소르콘 1세 (924~889) 비블로스를 통한 교역과 팔레스티나와의 우호관계 주력	922/926//931 통일 이스라엘 왕국의 분열 **르하브암** (922~915/926~910) 임금 918/922 재위 5년에 이집트의 시삭이 쳐들어와 성전을 노략함 (1열왕 14,25에 따름). 에돔과 필리스티아가 독립함? 무력으로 통일하려고 줄곧 전쟁함 – 이스라엘에서 벤야민 지역을 빼앗음. **아비얌** (911~908/913~910) 이스라엘과 교전. 3년 재위. **아사** (908~867/910~869) 41년 재위. 종교 절충주의를 거부하고 야훼 신앙 회복.	**예로보암 1세** (922~901/926~907) 임금 아히야 예언자의 신탁 받음, 23년 재위. 수도를 스켐→ 프누엘→ 티르차로 옮김. 베텔과 단의 옛 성소를 국가 성소로 지정함. **나답** (901~900/907~906) 2년 통치 후 살해됨.
900			

북쪽 이스라엘로 갈라져 작은 국가로 전락하고 만다. 끝끝내 이루지 못한 재통일의 꿈은 마지막 종말론적 희망으로만 남게 된다(에제 37,15–22 등).

갈라진 북이스라엘은 요르단 동편의 바산과 길앗, 모압에 이르는 땅과 중부 산악지대와 갈릴래아 호수 일대를 차지한다. 반면에 유다는 예루살렘과 필리스티아와 사해 사이의 유다 산악지대(대략 동서 폭 60㎢, 남북 간 80㎢)를 중심으로 한 좁은 영토를 차지한다.

분단된 뒤 초기 40년 간에 걸쳐 두 나라는 전쟁을 벌인다. 유다는 이스라엘 영토의 벤야민 지역을 강제로 점령하는데, 이는 이 지역이 예루살렘과 인접해 있어 큰 위협이 되기 때문이다. 이 외에 양국의 국경선은 크게 변하지 않는다. 이스라엘은 유다보다 국력이 우세하였으나, 유다보다 오히려 북쪽에서 위협하는 아람족의 시리아에 대처해야 할 처지에 놓인다. 통일 이스라엘 왕국의 분열로 가장 유리한 쪽은 시리아에 있던 아람 국가들이기 때문이다. 이스라엘에 비해 유다는 비교적 외적으로부터 안전해 영역이 거의 변하지 않으며, 쿠데타도 적어 다윗 왕실이 안정적으로 이어져 간다.

북이스라엘과 유다

BC 922~900

시리아·메소포타미아	아나톨리아(터키)·그리스	한국·중국
		한국: 초기 청동기 문화 중국: 주周 시대
	아나톨리아: 신히타이트 소국들 존속 그리스: 암흑시기 로마: 후기 청동기 시대 말기	

911 아시리아의 아다드 니라리 2세(~891)
  – 옛 영토를 회복하고 세력 확장,
  바빌로니아 정복 후 평화조약 체결.
  바빌로니아: 위축된 채로 왕조 유지.		

13. 북이스라엘의 번영 속에 떠오르는 예언자
(기원전 900~850)

철기시대 2B기
(기원전 900~700)

1. 디제다모니우안크의 장례비, 기원전 900년경, 이집트 테베 출토, 이집트박물관
2. 이제벨이란 이름이 새겨 있는 페니키아 인장, 기원전 9세기, 아비가도 컬렉션
3. 아수르나시르팔 2세의 조상, 사암, 아시리아의 님로드 출토, 대영박물관
4. 아시리아 군인들, 기원전 9세기, 살만에세르 3세 궁전의 청동부조, 대영박물관
5. 트럼펫 부는 사람, 기원전 9세기, 청동제, 터키 남서부 출토, 대영박물관

경제적 번영과 불의, 그리고 예언 활동! 기원전 9세기에 메소포타미아 북부의 아시리아는 강력한 군사대국으로 성장한다. 아시리아는 서쪽의 아나톨리아에서 동쪽의 이란 고원까지 숱한 나라를 복속시킨다. 그들은 계속해서 시리아와 팔레스티나를 위협하나, 시리아를 중심으로 한 연합군이 막는다.

기원전 9세기 초에 북이스라엘은 혼란기를 겪으면서 요르단강 동편의 영토들을 대부분 상실한다. 유다와의 전쟁으로 국력은 줄어들고, 쿠데타가 이어지면서(바아사, 지므리) 국론이 갈라진다(티브니와 오므리의 동시 선출). 북쪽에서는 아람족이 계속 공격하며 압박하고 있다. 이러한 처지에서 오므리가 군대의 추대를 받아 즉위하나 그의 출신 지파나 예언자 관련 기록은 전혀 알 수 없다. 하지만 오므리 왕조 때에 북이스라엘은 군대를 강화하고 적극적인 외교를 펼쳐 페니키아의 티로와 동맹을 맺고 해상과 육상의 주요 교역로를 적극 활용하여 최고의 경제 번영기를 맞는다. 이는 사마리아에서 출토되는 각종 상아제품에서 뚜렷하게 입증된다. 아시리아의 문헌에서 북이스라엘은 줄곧 '오므리의 가문'으로 기록될 만큼 오므리 왕조는 국제사회에 널리 알려진다. 오므리 왕조는 새 수도

기원전	이집트	유다	북이스라엘
900	제22왕조	**아사** 임금	**바아사**(900~877/906~883) 쿠데타 정권, 24년 재위.
		북이스라엘의 공격 받고 시리아의 벤 하닷 임금에게 도움을 청함(1열왕 15,16-22).	유다 침략, 하나니의 아들 예후 예언자 활동.
	세숀크 2세 (890?)		**엘라**(877~6/883~2) 2년 통치, 피살.
	타케로트 1세 (889~874)		**지므리**(876/882) 7일 통치, 자살.
			티브니(876~3/882~878) 4년 재위, 피살.
			오므리(876~869/878~871) 6년 재위, 오므리 왕조 수립.
	오소르콘 2세		사마리아로 천도(871/873), 바알 신전 건립.
875	(874~850)		딸을 유다 왕자 요람에게 시집보냄.
		여호사팟(873~849/868~847)	모압을 종속시키는 등 국력이 유다를 압도함.
		북이스라엘의 오므리 왕조와 혼인 관계를 맺고 공식적 우호관계 수립(1열왕 22,45).	이집트와 우호관계.
	하르시에세 (870~860)		**아합**(869~850/871~852) 오므리의 아들, 20년 재위.
	테베의 대립 왕	종교 및 사법개혁?(2역대 17; 19장)	페니키아와 동맹을 맺고 경제 번영.
		홍해를 통한 해상무역 시도, 실패.	**예언자 엘리야**(1열왕 17-21장), 미카야 활동.
		늦어도 854년경 암몬이 유다에서 독립함.	엘로힘계 전승 문헌 형성?
850			850경 라못 길앗을 탈환하려고 아람과 싸우다 전사?

로 사마리아를 건설하고, 하초르, 단, 므기또에 성벽과 창고, 저수시설을 갖춰 행정 중심지로 삼는 등 대형 건축사업으로 국력을 과시한다.

그러나 교역을 통한 재력은 오므리 왕조의 왕실과 귀족에게 집중된 반면, 군대를 유지하고 교역품(곡물, 포도주, 올리브 기름)을 더 많이 생산하기 위한 온갖 부담이 백성에게 몰리자 경제적 사회적 불의에 대한 불만이 높아진다. 또한 경제적 번영과 페니키아의 영향으로 바알에 대한 숭배가 성행하고 특히 새 수도에 바알 신전이 세워지자, 국가의 중심종교를 놓고 야훼신앙과 갈등이 커간다. 이때 야훼만이 유일하신 하느님임을 강조하며 바알 숭배에 도전하는 예언자들이 속속 등장한다. 대표적인 인물이 엘리야, 엘리사, 미카야(1열왕 22장) 등이다. 예언자들은 혼합종교를 깨뜨리고 야훼 하느님께 돌아올 것과 그분이 원하시는 사회정의를 구현하도록 요구하며 놀라운 기적을 보여 준다. 그들이 선포한 메시지는 즉각 수용되지 않았으나 일부 신앙인 사이에 계속 살아 남아 있으면서 적잖은 영향력을 미친다.

오므리 왕조 시대에 유다는 북이스라엘과 적대관계에서 벗어나 혼인을 통한 동맹관계를 맺는다. 오므리 왕조의 부가 유다에도 흘러갔지만, 유다의 국력은 이스라엘보다 열세였다(인구도 1/3 규모).

시리아·메소포타미아	아나톨리아(터키)·그리스	한국·중국
900 아람 다마스쿠스의 벤 하닷 1세(900~875경/885~870), 유다 임금 아사의 청탁 받고 이스라엘 공격.	아나톨리아: 신히타이트 소국들 존속 그리스: 암흑시기 로마: 철기 시대	한국: 초기 청동기 문화 중국: 주周 시대 – 예악 유행, 건축술 발전.
890 아시리아의 투쿨티니누르타 2세(890~884), 정복 전쟁을 계속함.		
883 아시리아의 야수르나시르팔 2세(883~859), 아나톨리아에서 이란 고원까지 복속 – 전성기. 다마스쿠스의 벤 하닷: 사마리아를 공격했다가 패함.		
858 아시리아의 살만에세르 3세(859~824), 서부 정복전쟁에 나섬(여섯 번 이상).		
853 카르카르 전투: 아시리아가 다마스쿠스, 이스라엘 등 12개국 연합군과 싸워 비김, 아합은 보병 1만 명과 병거 2000기를 출전시킴(이집트군 수천 명도 참전).		

14. 쿠데타로 허약해진 북이스라엘과 유다
(기원전 850~800)

철기시대 2B기
(기원전 900~700)

1. 카루세데의 목관, 이집트 제22왕조, 테베 출토, 뉴욕 메트로폴리탄박물관
2. 살만에세르 3세에게 조공 바치는 '오므리의 아들' (예후?), 오벨리스크(부분), 루브르박물관
3. 아람 임금 하자엘로 추정되는 상아조각상, 기원전 9세기, 루브르박물관
4. 아다드 에스테르 바빌로니아 왕 기념비, 기원전 9세기, 시푸르 출토, 대영박물관
5. 히타이트 폭풍신(테슘)이 새겨진 비석, 기원전 9세기, 바빌론 출토, 루브르박물관

쿠데타, 쿠데타, 그리고 예언자! 기원전 9세기에 들어서서 강대해진 아시리아의 세력은 끊임없이 시리아-팔레스티나를 위협한다. 이집트는 다시 상·하 이집트로 갈린 데다 철 등 자원의 부족으로 국력이 쇠퇴한다. 시리아와 팔레스티나의 여러 소국들이 아시리아에 대항하나 역부족이다. 그런 가운데 팔레스티나의 상황도 거듭된 쿠데타로 혼란스러워진다.

아합의 아들인 북이스라엘의 여호람 임금과 아합의 사위인 유다의 요람 임금 때부터 두 왕국은 급격한 쇠퇴 징조를 보인다. 이때부터 북이스라엘은 시리아의 아람 왕국으로부터 지속적인 공격을 받아 위축된다. 아람의 하자엘과 그의 아들 벤 하닷(3세/4세)은 계속 북이스라엘을 공격하는데, 이 공격은 아시리아의 아다드 니라리 3세가 마지막 서부 원정(기원전 797) 때 시리아를 점령함으로써 끝난다. 하지만 그 이후 아시리아는 좀 더 가까이에서 북이스라엘을 위협하게 된다.

4대에 걸친 오므리 왕조는 예후의 쿠데타로 무너진다. 예후는 엘리사의 예언을 받은 뒤, 요람 임금과 유다의

기원전	이집트	유다	북이스라엘
850	제22왕조 타케로트 2세 (850~825)	**여호람**(요람: 849~842/847~845) 　에돔이 독립함(2열왕 8,20). **아하즈야**(842/845), 예후에게 살해됨. **아탈야**(842~837/845~840) 왕비: 아합의 딸로 아하즈야의 　모친, 왕자들을 죽이고 6년 통치 후 피살. **요아스**(837~800/840~801) 　여호야다 사제가 피신시켰다가 백성의 지지로 　일곱 살에 즉위한 아하즈야의 아들로, 　성전을 수리함. 　여호야다 사제가 죽은 뒤 야훼 신앙을 외면하고, 　그의 아들인 즈카르야 사제를 살해함. 　막대한 예물을 바쳐 하자엘의 공격을 막음. 　신하에게 살해됨.	**아하즈야**(850~849/852~851) 　예언자 **엘리야** 활약(2열왕 1장) **요람**(여호람: 849~842/851~845) 　예언자 **엘리사** 활약, 모압이 독립함(왕 메사) 　- 그 결과 '임금의 큰길'과 교역로가 차단됨. 　하자엘과 싸운 뒤, 예후에게 살해됨. **예후**(842~814/845~818) 　군 지휘관으로 쿠데타를 일으켜 예후 왕조 개막. 　이전의 야훼 신앙을 회복시킴. 　예언자 **엘리사**(2열왕 2; 4-8장) 활약. 　시리아의 하자엘에게 영토 1/3 빼앗기고, 　아시리아에게 조공 바침(841). **여호아하즈**(815~801/818~802) 　시리아의 실제 속국처럼 지배받음(2열왕 13,7).
	셰숀크 3세 (825~773) 제23왕조 (818~715) (수도: 레온토폴리스) 제22왕조와 대		
800	립, 패권 다툼		예언자 **엘리사** 활약 (1열왕 17-2열왕 10장의 엘리야·엘리사 전승 기원).

아하즈야 임금을 모두 죽이고 북이스라엘에 새 왕조를 연다. 예후 왕조는 북이스라엘에서 가장 오래 지속된 왕조이지만(4대, 기원전 842~745), 가장 비극적인 운명의 시기에 존속했다.

예후의 쿠데타로 기존의 팔레스티나 세력 판도가 크게 뒤흔들린다. 경제적 번영과 안보를 뒷받침했던 유다와 이스라엘, 이스라엘과 페니키아의 동맹관계가 깨지면서 페니키아와 홍해를 통한 국제 교역이 막히게 되고, 그 결과 각 나라의 경제사정이 어려워진다. 예후는 이전의 야훼 신앙을 일부 회복시켜 민중의 지지를 얻으려 한다. 하지만 그의 시대에도 바알 숭배는 계속되었다. 북이스라엘은 다마스쿠스에 수도를 둔 시리아(아람)의 하자엘 임금에게, 길앗에서 아르논 강에 이르는 요르단 강 동편의 영토 대부분을 빼앗긴다. 하자엘은 기원전 9세기 후반 내내 유다와 이스라엘 두 소국을 흔들어 댄다.

유다의 형편도 어려워진다. 예후의 쿠데타에 희생된 아하즈야에 이어 아합의 딸인 아탈야 대비가 왕위 계승자들을 모두 죽이고 정권을 잡는다. 하지만 이 정권은 다윗 왕가를 복귀시키려고 여호야다 사제가 일으킨 쿠데타에 의해 무너진다. 왕위에 오른 요아스 임금은 40년 동안 재위하나 시리아에게 시달리면서 예물을 바치다가, 신하에게 살해되어 최후를 맞는다.

기원전 9세기 중반 – 아시리아 제국 영역
아시리아의 살만에세르 3세 때

BC 850~800

시리아·메소포타미아	아나톨리아(터키)·그리스	한국·중국
849·848·845 **아시리아의 살만에세르 3세**, 아람(하닷 에제르) 등 12나라 연합군과 싸움, 각 나라가 항복하고 조공 바침.	아나톨리아: 신히타이트 소국 그리스: 철기 사용-농업 생산성 증진 로마: 철기 시대	한국: 초기 청동기 문화
842 하자엘(842~800)이 벤 하닷(2세?)을 죽이고 시리아 임금이 됨 – 유다와 북이스라엘을 몹시 괴롭힘.		
841 아시리아의 살만에세르 3세(858~824), 하자엘을 격파. 시리아, 티로, 시돈, 북이스라엘(예후) 등이 조공을 바침 (호세 10,14 참조).		841 중국: 국인國人(평민) 폭동으로 주나라의 려 왕 도주. 꽁국共國의 제후인 허和가 천자天子 대행. 꽁허共和 원년으로 중국 역사에서 최초의 분명한 연대 – 《사기》에서 중국 실제 역사 연대의 시초로 삼음.
838 아시리아의 살만에세르 3세, 마지막 서부 원정.		
827 아시리아에 내분이 일어나 세력이 일시 위축됨.		
823 아시리아의 삼시 아다드 5세(823~811)		
814~813 티로의 페니키아인들이 북아프리카에 카르타고 도시 건설.		
806 아시리아의 아다드 니라리 3세(810~783)의 서부 원정(805, 803, 797년) – 북이스라엘의 구원자(2열왕 13,5)?		8세기 중엽 중국: 철제 병기와 농기구 사용 시작.

15. 번영의 그늘에서 외치는 문서 예언자들
(기원전 800~750)

철기시대 2B기
(기원전 900~700)

다시 찾아온 번영의 시기에 불의는 커가고! 기원전 8세기에 접어들면서 아시리아의 세력은 한층 커진다. 이집트가 여전히 왕조 간의 다툼으로 흔들리는 가운데, 누비아 왕조가 이집트로 손을 뻗는다. 군사대국 아시리아의 서부 원정으로 북이스라엘을 오랫동안 괴롭혔던 아람 세력은 꺾인다. 북이스라엘의 여호아스는 이 틈을 타 다마스쿠스에 이르는 영토를 회복한다. 유다의 아마츠야는 북이스라엘에 대항하였다가 예루살렘 서편 벳 세메스에서 사로잡히는 수모를 겪는다(2열왕 14,13). 아마츠야와 여호아스가 비슷한 시기에 역사의 무대에서 사라진 뒤 등장한 유다의 아자르야와 북이스라엘의 예로보암 2세는 우호관계를 맺으며 40~50년씩 안정적으로 통치한다.

이 당시 북이스라엘과 유다는 북쪽으로는 하맛 어귀까지, 남쪽으로는 '이집트 마른내'까지 이르는 이스라엘의 이상적인 영토(민수 34,1–12; 1열왕 8,65)를 회복한다. 아울러 북이스라엘의 예로보암 2세는 확보된 교역로를 바탕으로 아시리아의 재가 아래 주변국가와 활발하게 교역하여 국가를 부흥시킨다. 이 당시 북이스라엘(추정인구 80만 명)은 유다(추정인구 30만 명)보다 압도적으로 우세한 국력을 지녔다. 아자르야 치하의 유다 역시 북이스라엘과 협

1. 스핑크스 상아조각, 기원전 9~8세기, 사마리아 출토, 높이 8.7cm, 이스라엘박물관
2. 날개 달린 신령에게 영양을 바치는 사르곤 임금/사제 부조, 기원전 8세기, 루브르박물관
3. 여인 얼굴상(가구 장식), 기원전 8세기, 아시리아 님로드 출토, 바그다드박물관
4. 해와 달의 목걸이를 건 아람 사제상, 기원전 800년경, 알레포 근교 출토, 높이 2m
5. 청동 제기 호壺, 기원전 9세기, 서주시대, 중국

기원전	이집트	유다	북이스라엘
800	제3중간기 계속 제22왕조 셰숀크 3세 (825~773) 제23왕조 이우푸트 1세 (804~783) 제25왕조(780?~656) 누비아의 나파타 왕조, 상 이집트로 세력 뻗음.	**아마츠야**(800~783/801~787) 이스라엘의 지배에서 벗어나려고 전쟁을 일으켰다 대패, 생포됨. 예루살렘에서 반란이 일어나 살해됨. **아자르야**(우찌야, 783~742/787~736) 즈카르야의 조언 받아 야훼 신앙에 충실, 북이스라엘과 우호관계 맺음. 유다의 국력 부흥 – 홍해까지 영토 회복, 필리스티아인 및 아라비아인과 전투, 암몬에게 조공받음(2역대 26,7–8).	**여호아스**(801~786/802~787) 예언자 엘리사 사망. 아시리아에 조공 바침(796년). 아람의 벤 하닷을 공격, 빼앗겼던 땅 회복. **예로보암 2세**(786~746/787~747) 아시리아가 아람를 억누르는 틈을 타 잃었던 요르단 동편 지역 탈환, 다윗 시대 의 영토를 거의 회복(유다까지 포함할 때). 경제 교역 활동을 활발히 하여 이스라엘의 세력과 번영이 다시 최고조에 이름. 예언자 요나 활약(2열왕 14,25).
			760경 예언자 **아모스**(~750) 활동, 지진(아모 1,1). 인구조사(1역대 5,17) – 조세 징수.
750			750경 예언자 **호세아**(~732경) 등장 추정.

력하여 상당한 번영을 누린다. 아자르야도 필리스티아 지역을 평정하고 홍해 연안의 엘랏을 회복하는 등 영토를 넓힌다(2역대 26장).

북이스라엘과 유다의 부는 주로 밀, 포도주, 기름 같은 농업 생산물을 페니키아 항구를 통해 대대적으로 수출해서 벌어들인 것이다. 따라서 국가는 구릉지대를 개간하고, 이들 작물을 집중적으로 재배하여 토지를 넓히는 농업정책을 펼친다. 아울러 달구지를 사용하고 압축기를 개발하여 생산성을 높인다. 그 결과 대규모 토지를 독점한 왕실과 귀족들은 페니키아에서 수입한 상아제품을 엄청나게 소비할 정도로 번영의 열매를 즐기지만, 거꾸로 과중한 세금으로 땅을 잃은 사람들이 늘어나면서 사회의 갈등과 불의는 날로 커간다. 동시에 가나안 종교와 야훼 신앙의 혼합 현상도 두드러진다.

그 갈등의 틈바구니에서 이른바 문서 예언자들이 등장한다. 제일 먼저 등장한 유다 출신의 아모스와 북이스라엘 출신의 호세아는 사마리아에서 사치와 향락에 빠져 사회적 종교적 불의를 저지르는 이들을 질타하며 심판을 선포한다(아모 5,7-15). 이들은 이스라엘 백성의 근원과 관련된 시나이 계약에 근거하여 사회정의가 이스라엘 백성의 바탕임을 밝힌다(호세 12,7).

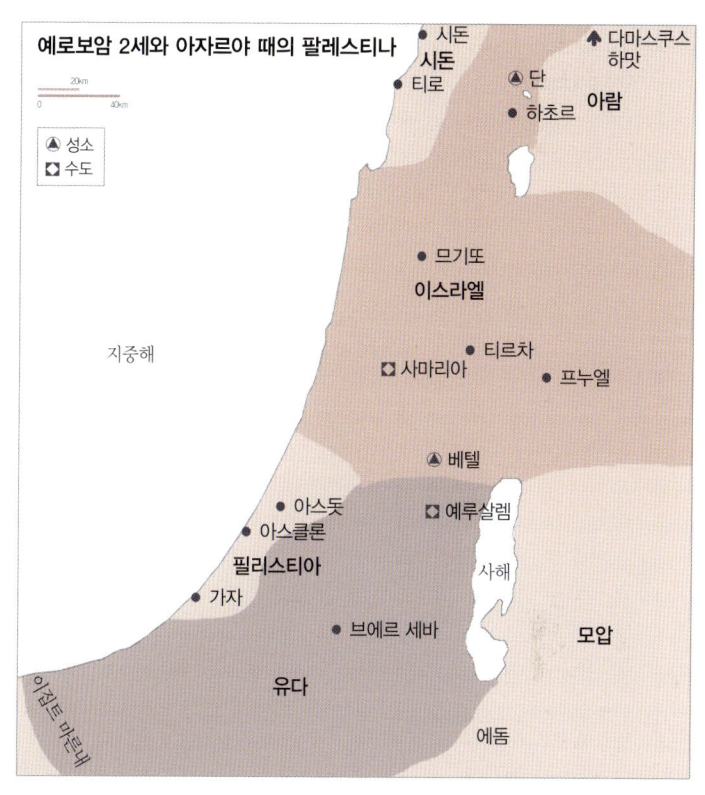
예로보암 2세와 아자르야 때의 팔레스티나

시리아·메소포타미아	아나톨리아(터키)·그리스	한국·중국
796 아시리아의 아다드 니라리 3세, 아람의 벤 하닷 3세 꺾고 다마스쿠스 파괴. 북이스라엘(여호아스)에게서 조공받음.	800경 그리스에 도시(시민) 국가(폴리스) 대두, 고졸기古拙期 문화 (800/750~500) 생성. 코린토, 아르고스에서 예술 발전 주도.	한국: 초기 청동기 문화 중국: 시경과 서경(?)이 형성됨. (춘추시대에 편집)
782 살만에세르 4세(782~773) 이후 35년간 아시리아 세력은 자연재해로 위축 - 주변 국가 부흥.	780 로마: 철기시대 우라르투 왕국, 최전성기 776 제1회 올림피아 제전(전승) - 도시국가 간의 정기교류 시작.	
772 아시리아의 아슈르단 3세(772~755) 재위 때 심한 자연재해로 국력 쇠퇴.	772 그리스, 아르테미스 신전 등 건설 개시	771 주가 제후 연합세력에 패함 - 서주西周 시대의 종료. 770 주의 평왕, 낙양 천도 - 동주東周 시대(~256) 개막.
754 아시리아의 아슈르니라리 4세(754~745) 재위 750 그리스인들, 시리아의 오론테스 강 어귀에서 교역 실시.	753 로물루스(~715), 로마 왕 즉위 - 전승에 따른 로마의 건국연대	

16. 북이스라엘의 멸망
(기원전 750~720)

철기시대 2B기
(기원전 900~700)

아시리아의 눈먼 폭력에 대든 북이스라엘은 스러지고! 기원전 8세기 후반에 들어 근동의 평형이 깨어진다. 자연재해로 위축되었던 아시리아는 군사강국으로 세력을 되찾으며 거침없이 근동 일대의 패권을 장악한다. 생존을 위해 끊임없이 침략전쟁을 벌이는 아시리아는 강력한 직업상비군을 갖추고 무자비하게 전투하는 군사대국으로 악명을 떨친다. 아시리아의 대외정책은 첫째, 자발적인 복종 요구, 둘째, 불응시 무력 정복, 셋째, 반란은 무참하게 진압하고 주민을 다른 지방으로 강제 이주시키는 것이다. 기원전 743년부터 아시리아는 본격적으로 서부 원정을 감행하여 시리아-팔레스티나 지역을 완전히 장악하려 한다. 이 지역의 군소국가들은 서로 동맹을 맺어 방어전선을 구축하면서 이집트에 원조를 요청한다.

이렇게 험악한 시기에 북이스라엘은 이십여 년 동안(기원전 747~722) 무려 여섯 임금이 갈릴 정도로 혼란에 빠진다. 그 중에 므나헴 임금이 아시리아에 바칠 막대한 조공 때문에 세금을 많이 걷자, 이로 인해 가난한 백성의 원성이 높아진다. 이 틈을 타 쿠데타를 일으킨 페카는 아람의 르친과 함께 반(反)아시리아 동맹을 결성하여 동조하

1. 아문신의 배우자 아메니르디스, 기원전 8세기, 이집트 제25왕조, 설화석고, 이집트박물관
2. 아시리아군의 전투 장면, 기원전 8세기, 티글랏 필에세르 3세의 궁전 부조, 대영박물관
3. 아람 왕국 샤말의 왕 바르샤르라캅과 서기관, 기원전 730년경, 현무암, 베를린박물관
4. 그리스의 채색토기, 기원전 750년경, 아테네 국립고고학박물관

기원전	이집트	유다	북이스라엘
750	제3중간기	아즈르야(우찌야)	즈카르야(746~745/747) 예로보암 2세 아들
	제22왕조 셰숀크 5세 (825~773)	750~742경 불치병으로 인해 아들 요탐과 공동통치	예언자 호세아 활동, 6개월 통치, 피살.
			살룸(745/747) 쿠데타, 1개월 집권.
	제23왕조 오소르콘 3세 (777~749)	742경 예언자 이사야 소명. 대략 40년 활동	므나헴(745~738/747~738) 쿠데타 친아시리아계로 조공 바침(738).
		요탐(742~735) 암몬과 싸워 이김	프카흐야(738~737/737~736) 몇 달 통치 후 부관 페카에게 피살.
	제25왕조 피예(747~716) 상 이집트 장악 (누비아 출신)	아하즈(여호아하즈 1세. 735~715/736~727/726) 재위 12년에 이사야 활동 재개. 북이스라엘의 공격 받자 이사야의 충고를 무시하고 아시리아에 구원 요청. 아시리아 종교를 도입(2열왕 16장), 위성국(734년).	페카(737~732/735~732) 쿠데타 집권. 반아시리아 정책에 가담 않는 유다 공격.
			733~732 아시리아에 영토 상실(갈릴래아 전역, 요르단 강 동편, 북부 납탈리). 피살.
	제24왕조(727~715) 리비아족 (수도: 사이스) 삼각주 서부 지배. 2대로 끝, 26왕조 연결.	735? 예언자 미카(~710경) 활동.	호세아(732~724) 쿠데타, 아시리아가 침공하자 조공, 이듬해에 이집트에 원조 요청.
			724 호세아 포로 됨, 사마리아 포위.
			722 사마리아 함락, 북이스라엘 멸망.
			720 주민 이주, 속주(사메리나)로 편입.

지 않는 유다를 공격하다가(시리아-에프라임 전쟁), 유다 임금 아하즈의 요청을 받은 아시리아의 공격으로 넓은 영토와 주민을 빼앗긴다(2열왕 15,29). 이로써 이스라엘의 디아스포라(흩어짐)가 시작된다. 이 혼란기에 쿠데타로 정권을 잡은 호세아는 아시리아에 조공을 바치다가 돌연 중단한 뒤 이집트 제24왕조에 도움을 청한다. 아시리아는 2년 간의 포위 끝에 사마리아를 정복한 다음(기원전 722년 겨울) 철저히 파괴하고 주요 인물을 모두 끌어간(사르곤 2세 기록에는 27290명) 뒤 새로운 주민을 이주시킨다. 그 후 아시리아의 산헤립 임금이 사마리아를 더 크게 재건하여 중심지로 삼자, 이 지역에는 다른 종교를 지닌 여러 민족이 모여든다(2열왕 17,24-41). 이렇게 북이스라엘은 갈라진 후 2세기만에 사라진다. 열왕기를 편집한 신명기계 사가는 슬픈 어조로 이 모든 일은 이스라엘 백성이 우상을 섬기고 야훼 하느님의 말씀을 듣지 않았기 때문이라고 통찰한다(1열왕 17장).

유다 임금 아하즈는 북이스라엘이 겪은 사건을 통해 생존의 길을 터득한다. 그는 어느 나라에도 의지하지 말라는 이사야 예언자의 조언을 거부하고, 아시리아에 조공을 바치면서 속국으로 명맥을 유지하려 한다.

기원전 720년경의 근동 세계

시리아·메소포타미아	아나톨리아(터키)·그리스	한국·중국
745 아시리아의 **티글랏 필에세르 3세**(744~727) 국력을 회복하여 제국의 최고 번영기 이룸. 1차 원정(743~739), 우라르투 공격. 전령, 역참제 완비. 강제이주 정책 확대, 교역로 확보, 정복사업 전개.	750~650 호메로스, 서사시 《일리아스》와 《오디세이아》 저술. 흩어진 신화를 통합하여 그리스 문화의 기반 조성. 그리스의 도시국가들이 흑해, 에게 해, 지중해 일대, 이탈리아 남부(나폴리) 등에 식민지 건설 - 그리스 세계의 확산(~550)	한국: 청동기 문화 확산 (8~7세기에 청동 무기 등장) 중국: 동주 시대
735/4 시리아-에프라임 전쟁. 아시리아, 가자 점령, 이집트 위협.		
734~732 아시리아의 2차 원정, 다마스쿠스 정복, 르친(라산) 죽임.		
732~731 아시리아의 3차 원정.		
729 아시리아, 바빌로니아(15만 4천명 이주시킴)를 통합함.		
727 통합 아시리아의 임금 **살만에세르 5세**(727~722) 즉위.		
722 이스라엘 정복. 3년간 대규모 이주. 아시리아의 **사르곤 2세**(722~705) 쿠데타 즉위: 4대 90여 년 집권. 바빌로니아의 므로닥 발아단(721~710; 704~703: 이사 39장) 잠깐 독립, 다시 나라를 빼앗겼다가 재차 즉위.		722 중국: **춘추시대**(~403) 주의 세력은 극히 미약. 백여 개의 제후국이 몇몇 강력한 제후국으로 병합됨. 4대 강국- 제齊, 진晉, 초楚, 진秦.

17. 아시리아의 속국이 된 유다
(기원전 720~670)

철기시대 2C
(기원전 722~586)

1. 파라오 티하르카의 두상, 기원전 7세기 초, 현무암, 이집트박물관
2. 산헤립에게 항복하는 라키스(유다 도시), 기원전 700년경, 니네베의 궁전 부조, 대영박물관
3. 페니키아 여신상(부분), 기원전 7세기, 청동과 은, 높이 20㎝, 루브르박물관
4. 바빌로니아 왕 므로닥 발아단, 기원전 8세기 말, 검은 현무암, 베를린박물관
5. 그리스의 도자기, 기원전 7세기, 높이 40.5㎝, 대영박물관
6. 말탄 궁수, 기원전 천년대 후반, 이탈리아 북부 에트루리아의 청동그릇 장식, 대영박물관

극도의 곤경 속에서 하느님의 구원을 맛보고! 오랜 혼란 끝에 이집트는 누비아 출신 제25왕조에 의해 통일되면서 다시금 팔레스티나에 관심을 쏟는다. 반면 근동 일대를 장악한 아시리아는 빈발하는 반란을 진압하느라 바쁘고, 특히 남부 팔레스티나를 위협하는 이집트를 정복하려고 힘쓴다.

비록 유다는 아시리아에 조공을 바치지만, 당시의 근동에서는 드물게 독립국으로 존속한다. 조세와 조공이 부담스럽긴 하지만, 아시리아 제국에 편입되어 국제교역을 활발히 펼치게 된 유다의 히즈키야 임금은 상당한 부를 갖게 된다. 그것을 바탕으로 그는 북이스라엘에서 몰려온 피난민을 위해 새로운 정착촌을 곳곳에 세우고, 예루살렘도 대폭 확장한다. 아울러 북이스라엘을 거울 삼아 온갖 우상적 요소를 치우고 모든 공공예배를 예루살렘 성전에 집중시키는 종교개혁을 단행한다.

이때 피난민과 함께 이집트 탈출과 지파 전승 등 많은 고유 전승이 북이스라엘에서 유다로 흘러들어와 양쪽 전승이 융합되기 시작한다. 그러면서 유다는 이스라엘 전통의 유일한 상속자가 된다. 증거는 희박하지만, 히즈키야의

기원전	이집트		유다
720	후기 왕조 시대	716	아랍족이 아라비아 사막에서 사마리아 지역으로 이주.
			히즈키야(715~680// 727/26~700/698)
	715	제25왕조의 샤바코(716~702)	종교개혁 – 산당 철거, 구리뱀 부숨. 제의를 예루살렘으로 집중시키려 시도.
		이집트 재통일 (22·23·24왕조 끝),	필리스티아 지역 파괴, 예루살렘과 정착촌 확장. **이사야·미카** 예언자 활동.
		에티오피아(누비아) 왕조 건설.	예호비스트 문헌, 잠언 25장 등의 편찬시기로 추정하기도 함.
	714	아스돗의 반란 지원.	714~713	히즈키야가 병들어 세브나가 섭정함. 바빌로니아의 사절단 방문(이사 39장).
			713~711	히즈키야, 친親아시리아 정책 바꿔 반反아시리아 반란에 소극적 참여.
710			712	반란 일으킨 아스돗·아제카는 아시리아에게 함락, 유다는 정책을 바꿔 살아남음.
	세비트쿠(702~690)		705	아시리아의 사르곤 2세가 죽자 다시 반反아시리아 정책을 적극 전개
		가나안 진출 희망 – 유다 지원 약속.		– 실로암 터널(길이 533m), 북쪽 성벽을 폭 7m로 건설.
	701	파라오의 동생 티르하카, 반反아시리아 전선에 가담한 유다를 지원.	704	시돈·아스클론·에크론 반란 – 아시리아의 산헤립이 엘테케에서 격파.
	티르하카(티하르카, 690~664)		701	산헤립, 예루살렘을 포위했다 많은 조공 받고 퇴각(2열왕 18~19장; 이사 36~37장).
		페니키아와 반反아시리아 동맹 체결.	**므나쎄**(687~642/697~642)	
	674/3	아시리아의 공격 격퇴.	예루살렘 인접지역만 통치, 친아시리아 정책 전개.	
670	671	아시리아, 이집트 일부 정복(멤피스 등).		

재위 중에 신명기와 신명기계 역사서의 최초 일부, 호세아서와 아모스서의 초고, 엘리야와 엘리사 예언자의 전승 수집, 솔로몬 금언의 수집, 정리(잠언 25–29장) 등이 이루어졌을 가능성이 있다고 추정된다. 이때 예언자 이사야와 미카는 아모스와 호세아 예언자와 마찬가지로, 새로운 세계에 대한 비전을 열어 보이며 사회개혁을 호소한다. 그들은 야훼를, 아시리아 등 강대국을 심판의 도구로 쓰시되 자만하면 벌하고 멸하시는 보편적인 하느님으로, 부족신이나 국가신을 뛰어넘는 새로운 신관을 제시한다.

히즈키야 시대에 국제 교역은 활성화되었지만, 아시리아와 속국들 사이에는 여전히 긴장이 높았다. 처음에는 아시리아에게 충실히 조공을 바쳤던 히즈키야는 기원전 713~712년에 아스돗이 일으킨 반란에 가담한다. 가까스로 살아남은 그는 사르곤 2세가 전사한 뒤(기원전 705)에 다시 제국 전역에 퍼진 반아시리아 대열에 합류한다. 그 결과 아시리아의 공격으로 국토의 상당부분을 빼앗기고 적잖은 인구도 끌려간다 (2열왕 18–25장; 2역대 28–36장; 이사 36–39장; 예레 52장 참조). 그러나 포위된 예루살렘은 아시리아군의 갑작스런 철수로 파괴되지 않은 채 극적으로 보존된다.

이러한 곤경 속에서 왕위에 오른 므나쎄는 철저한 친아시리아 정책을 펼칠 수밖에 없으니, 그 결과 히즈키야의 종교개혁은 무산되고 만다.

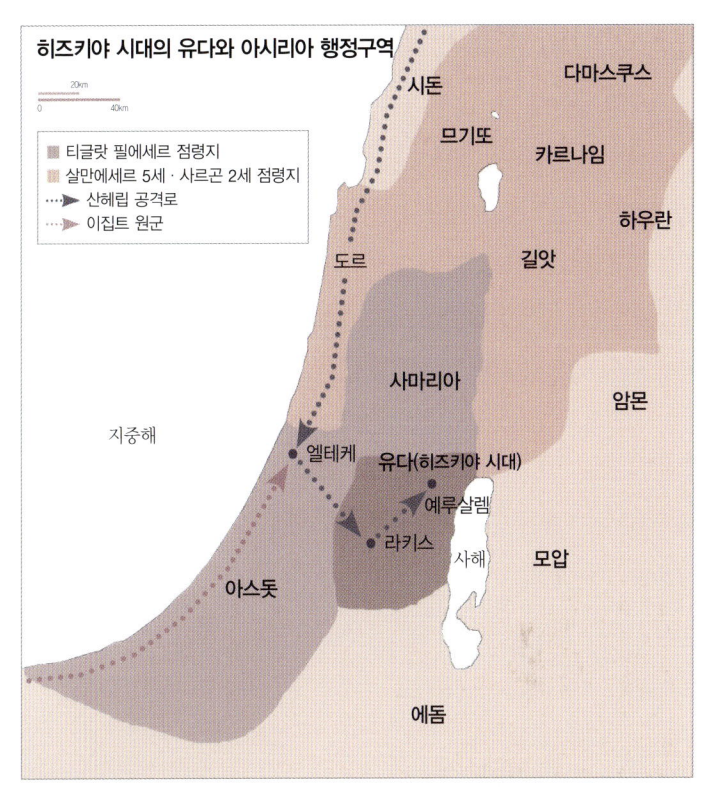
히즈키야 시대의 유다와 아시리아 행정구역

시리아·메소포타미아		아나톨리아(터키)·그리스		한국·중국	
720	아시리아의 **사르곤 2세** 1차 원정 – 반란 진압. (아르파드·사마라·하맛·다마스쿠스·가자 등)	720~700경	그리스: 알파벳 사용 개시, 그리스 문화 본격 회복 – 스파르타와 밀레토스 등이 발전 주도. 동방 양식의 도자기 제조. 도시국가들, 귀족정치에서 강력한 전제정치로 변화. 철기 보편화.	8세기 말	중국: 제철기술 발달, 철기의 대대적 보급으로 농업생산력 급증으로 대지주 등장. 전쟁 빈발.
716	2차 원정(이집트 국경까지). 새 수도 건설(투르샤르루킨).				
713~2	3차 원정 – 아스돗 점령(이사 20,1–2), 우라르투 정복.				
710	아시리아, 바빌로니아 다시 점령. 이란계의 디오게스가 메디아 왕국을 세움(수도: 엑바타나).				
709	아시리아, 키프로스 점령 – 동부 지중해 교역 장악.				
705	아시리아의 **산헤립**(705~681) – 중흥기 이룸(수도를 니네베로 다시 옮김, 당시 인구 120만 명).	717	신히타이트, 아시리아에 멸망.	700경	중국: 요서 지역에 청동기 문화 발전.
701	유다 원정, 예루살렘 포위한 뒤 조공받고 철수.				
689	산헤립이 바빌로니아 파괴, 왕 임명(6명).				
680	아시리아의 **에사르 하똔**(680~669) 아시리아 영토가 가장 넓은 시기. 바빌론 재건.			685	중국: 제齊나라의 환공, 관중을 수상으로 삼아 국력 키움.
677	반란 일으킨 시돈을 파괴.	684경	아나톨리아의 프리기아 왕국, 키메르족에 의해 망함. 아나톨리아 리디아 왕국의 기게스(687~660): 국력 키움.	679	중국: 환공이 패자로 처음 인정된 후 패권 싸움이 한층 가열됨.
675경	에사르 하똔이 22개국의 조공을 받는다고 주장.				
674	아시리아, 티로 포위, 1차 이집트 원정 실패.				

18. 유다의 종교개혁과 독립 모색
(기원전 670~620)

철기시대 2C
(기원전 722~586)

기세등등한 강대국은 스러지고, 하느님의 말씀은 일어서고! 기원전 7세기는 근동의 격동기인 동시에 문화와 종교의 부흥기라는 양면성을 갖는다. 리비아 계통의 이집트 제26왕조는 종주국 아시리아를 물리치고 이집트를 재통일한 뒤 고대 문헌들을 폭넓게 수집하는 동시에 예전과 다른 새로운 문화를 이루면서 실질적으로 '후기 왕조 시대'를 연다. 아시리아의 아수르바니팔 임금 역시 제국을 굳건히 지키는 동시에 고대 근동의 문학작품을 대대적으로 모아 보관하였는데, 그것은 오늘날까지 전해진다. 이러한 문헌 보관 작업은 페니키아에서도 행해졌으며 유다에서도 이스라엘 전승들을 보존, 편집하는 작업이 계속된 것으로 추정된다.

유다의 므나쎄 임금은 다윗 왕조에서 가장 오래 집권하였지만, 아시리아 종교를 도입하여 우상 숭배를 퍼뜨린 잘못으로 성경에서 가장 심한 비난을 받는다(2열왕 21,9–16). 아시리아는 종교에 대해 별로 간섭하지 않았는데도, 므나쎄는 당시 주변 속국처럼 종주국의 종교를 받아들이고 반대자들을 억압한다(2열왕 21,16). 그 결과 지방에서는 히즈키야 때 파괴된 이방 성소들이 재건되고, 바알과 아세라, 별신과 태양신을 섬기는 이방종교가 성행한다.

1. 테베의 제후 몬투엠헤트의 조상. 기원전 670년경. 회색 현무암. 이집트박물관
2. 아람 사제의 묘비. 기원전 650년경. 시리아의 네이람 출토. 루브르박물관
3. 실을 잣는 엘람 여인. 기원전 7세기. 역청으로 제조. 수사 발굴. 루브르박물관
4. 전투에 나서는 전사들. 기원전 650년경. '치기 화병'의 그림. 로마 국립박물관

기원전	이집트		유다	
670	669	25 왕조의 티르하카, 멤피스 탈환.	므나쎄(687~642/697~642)	
	667	아시리아, 멤피스 재정복.		이스라엘과 유다의 옛 종교 관습을 복원하여,
	664	아시리아, 테베 점령 – 25왕조 퇴각.		예언자 집단으로부터 심한 저항을 받음.
		(나훔 3,8–10)		아시리아의 에사르 하똔에게 조공 바침(674경, 속국 신분).
	제26왕조(664~525, 사이스 왕조)			아시리아의 아수르바니팔에게 조공 바침(668경).
	프삼티크 1세(664~610), 창건(수도 사이스).			
	아시리아의 봉신왕으로 출발.			
	656	상 이집트 정복, 25 왕조 끝냄.	아몬(641~640)	2년 통치, 유다에서는 유일하게 반反아시리아파 신하에게 살해됨.
	651	아시리아 철수로 이집트 발전, 팔레스티나로 세력 뻗침.	요시야(640/39/38~609)	
		에게 해 문화와 접촉하며 이집트 문화의 르네상스를 이룸, 그리스 용병을 활용함.		나라 백성이 모반자들을 없애고 요시야를 옹위함. 예루살렘 확장, 지방을 12구역으로 나눔(여호 15,21–62 참조).
			630경	**스바니야** 예언자 활동시기로 추정함.
			627~26/609경	**예레미야** 예언자(~587) 소명받음.
	630경	해변길 장악(해안 주둔), 교역 힘씀.	621	성전에서 법전(**신명기 12–26장** 추정)을 발견한 뒤 종교개혁 급속 추진.
620				예루살렘 성전으로 모든 종교의식 집중, 파스카 축제를 전국적으로 처음 지킴.

므나쎄가 숨질 무렵, 아시리아는 전반적인 반란의 도전을 받고 비틀거린다. 신바빌로니아와 메디아 왕조가 새로운 강자로 부각된다. 이집트의 제26왕조도 시리아에 대한 야심을 드러낸다. 이 세력 교체기의 갈등 속에서 유다에서는 아몬 임금이 2년 통치만에 살해되고, 아들인 요시야 왕자가 '나라 백성'의 추대로 왕위에 오른다.

기원전 627년 아수르바니팔 임금이 죽은 뒤 아시리아가 혼란에 빠지자, 요시야 임금은 이 틈을 타 세력을 키운다. 그래서 기원전 621년부터 '원原신명기'를 바탕으로 한 종교개혁을 유다뿐 아니라, 베텔 등지의 북이스라엘의 옛 영토까지 확대시켜 시행함으로써 신앙의 통일을 이루려 한다(2열왕 23,15-20). 이때 "이스라엘 지역의 모든 주민"이 예루살렘 성전의 수리비 모금에 적극 참여하였다고 전하여(2역대 34,9.33; 35,18), 북이스라엘 지역으로 이주하였던 외국인들이 토착 북이스라엘 사람들에게 동화되어 야훼 신앙을 지켜온 것으로 소개한다. 성경은 요시야 임금의 철저한 종교개혁과 계약 갱신을 들어 그를 매우 훌륭한 임금으로 칭송한다(2열왕 23,25; 예레 22,15-16).

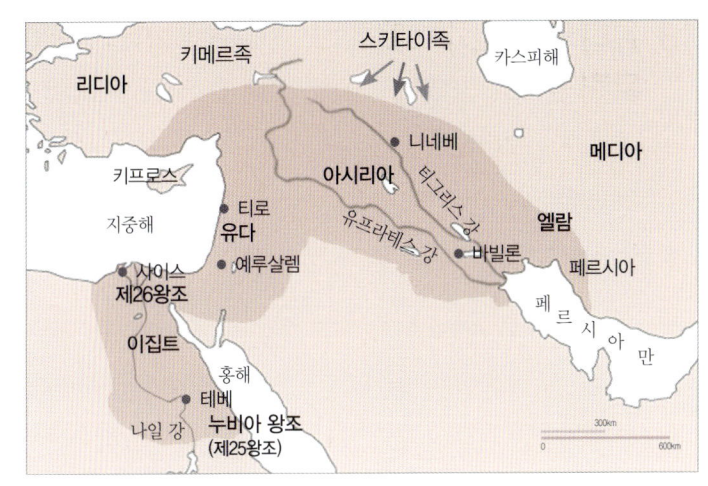

기원전 660년경의 근동세계

시리아·메소포타미아		아나톨리아(터키)·그리스		한국·중국	
671	2차 이집트 원정 성공, 멤피스와 삼각주 일부 정복.	아나톨리아와 주변 지역:		668	요령식 청동기 문화, 한반도로 전래.
669	아시리아, 티로와 조약 체결.		우라르투 왕국(900~600경)		
668	아시리아의 **아수르바니팔**(669~627), 고대 근동의 문학작품을 대거 수집, 공중정원 완성.		리디아 왕국(700~300경)		
		7세기	로마의 팽창 −지중해 일부 확보.		
663	아시리아, 이집트 테베 점령(나훔 3,8-10).				
652	아시리아, 바빌로니아 반란(654~3) 진압.	650	그리스에 참주정치 시행(~510경). (최초: 코린토의 키프세로스)	645	중국: 진晉나라, 집단농에서 개인 농(호)으로 전환.
650~48	아시리아, 바빌로니아를 포위 함락함, 메디아가 독립함.				
642~39	엘람에 내전 발발.				
		640경	스파르타, 메세니아인의 반란 진압 − 군국주의 강화.	643	제齊나라는 환공이 죽은 뒤 후계자 다툼으로 쇠퇴함.
627	아수르바니팔의 죽음. 왕위 다툼으로 아시리아 쇠퇴.	640/625	아나톨리아의 리디아 왕국에서 최초로 주화 발행 추정.		
630~25?	북방의 스키타이족이 시리아에 침입, 약탈함(예레 1,15).				
629	엘람 멸망 − 페르시아의 키루스 1세가 부흥하는 계기 됨.	632	아테네에서 키론이 쿠데타를 시도하다 실패.	632	진晉의 문공, 두 번째 패자로 등장.
626	칼데아인 나보폴라사르(625~605), 바빌로니아 10왕조 (칼데아 왕조)를 세워 독립.			623	진秦의 목공, 서역 제패.
623	아시리아, 신 샤르 이쉬쿤 즉위(~612)				

19. 유다의 멸망
(기원전 620~586)

철기시대 2C
(기원전 722~586)

절박한 예언자들의 외침은 배척되고! 기원전 7세기 말 근동의 상황은 다급하게 돌아간다. 근동 일대를 폭력과 공포로 다스리던 아시리아가 붕괴되고 신新바빌로니아와 메디아가 새롭게 패권을 쥔다. 같은 시기에 세력을 키운 이집트 제26왕조는 팔레스티나를 장악한 뒤 시리아까지 넘본다.

이러한 세력 교체기에 이집트를 견제하고 독립을 확보하려던 유다의 요시야 임금은 이집트와 싸우다 전사한다. 모처럼 피려던 유다의 기세는 꺾이고 걷잡을 수 없이 추락한다. 요시야의 작은아들인 여호아하즈 2세는 파라오 느코 2세에 의해 폐위된 뒤 이집트로 유배간다. 이집트에게서 임명 받은 요시야의 큰아들 여호야킴 임금은 이집트를 섬기다가 (기원전 609~605) 이집트를 꺾은 신바빌로니아 세력권에 흡수된다. 그러다 기원전 601/600년에 파라오 느코가 신바빌로니아의 공격을 저지하며 다시 유다를 침입하자 여호야킴 임금은 이집트 쪽으로 기운다. 오락가락하는 외교정책만큼 유다인들 역시 친이집트파와 친바빌로니아파로 분열되어 다툰다. 그 와중에서 정의를 무시하고 주 하느님의 말씀을 외면하는 유다에게 하느님의 심판을 선언하는 예언자 예레미야는 큰 곤경을 겪는다.

1. 이집트 토트신의 영조인 흑따오기, 기원전 600년경, 나무와 청동에 금박, 이집트박물관
2. 오스트라콘, 기원전 6세기 초, '하느님의 집'이란 글자 있음, 아라드 출토, 이스라엘박물관
3. 사자들의 행진, 기원전 580년경, 바빌론 출토 타일 벽화, 베를린박물관
4. 거룩한 나무와 날개 달린 수호자, 기원전 7세기, 프리기아 벽화, 앙카라 아나톨리아박물관
5. 도자기 물병, 기원전 600년경, 코린토 출토, 대영박물관

기원전	이집트		유다	
620	616	아시리아와 동맹 체결.	620~587	**나훔, 하바쿡** 예언서, **성결 법전**(레위 17-26장) 작성 추정.
	네카우(느코) 2세 (609~595)			
	609	아시리아 지원 출정,	609	요시야 임금, 이집트 파라오 느코 2세와 싸우다 므기또에서 전사(2열왕 23,29).
		유다를 봉신국으로 세움, 해군 창설.		**여호아하즈 2세**(609) 3개월 통치 뒤 폐위됨, 이집트 유배.
	605	신바빌로니아에게 패배,		**여호야킴**(609~598) 파라오 느코가 임명. 예언자 예레미야 활동(임금과 대립).
		수에즈 운하 건설 시작.	605	유다, 바빌로니아의 속국이 되어 조공 바침(604~602) 예레미야, 신탁 기록(36장).
	601/0	신바빌로니아의 이집트 침공 저지,	601/0	파라오 느코 2세의 침입으로 바빌로니아에 조공을 못 바침.
		유다 침공, 가자 점령, 페니키아와	598	반바빌로니아 동맹 결성(모압·암몬·에돔·유다 등), 예루살렘 포위.
		함께 아프리카 대륙 일주(3년간).	598/7	**여호야킨** - 3개월 재위(598.12월 초~597.3.15/16), 바빌론으로 끌려감.
	598/7	유다를 지원하지 않아 유다는 항복.		**치드키야**(마탄야 597~586), 바빌로니아가 임금으로 지명.
	프삼티크 2세(프삼메티코스 2세, 595~589)			1차 바빌로니아 유배(유력자 칠천 명 등 팔천 여 명).
	592	누비아 정벌	594	반바빌로니아 동맹 결성, 이집트의 지지를 약속받음(592, 589).
	591	팔레스티나로 지원 원정.		바빌론으로 가 충성 맹세, 예언자 **에제키엘**(~573) 소명받음.
	와이브레(호프라, 589~570)			
	589	유다 지원 약속.	588	바빌로니아, 반란 일으킨 예루살렘 포위(18개월).
586	588/7	바빌로니아 속국인 티로, 시돈 공격.	586	예루살렘 함락, 2차 바빌로니아 유배(832명, 예레 52,29), **애가** 작성.

주변 군소국가들이 반反바빌로니아 동맹을 체결하자(기원전 598), 신바빌로니아는 즉시 공격해 온다. 예루살렘이 포위된 가운데 여호야킴 임금이 알 수 없는 이유로 죽는다(암살?). 그의 아들 여호야킨(여콘야)이 즉위하나 곧 바빌로니아에게 폐위되고 바빌론으로 끌려간다(기원전 597). 많은 유력인사들도 함께 끌려간다(인원은 자료에 따라 다름. 2열왕 24,14.16; 예레 52,28 참조). 바빌로니아의 네부카드네자르 임금은 요시야 임금의 또 다른 아들인 마탄야를 치드키야로 개명하고 새 임금으로 세운다. 하지만 정통 계열의 여호야킨이 살아 있기에 많은 유다인이 치드키야를 임금으로 여기지 않는다.

예레미야의 강력한 경고에도 불구하고, 젊고 경험이 부족한 치드키야는 엘람 등 주변세력의 공격에 시달리는 신바빌로니아를 보고 티로 등과 함께 반기를 든다. 기원전 588년에 개시된 신바빌로니아의 팔레스티나 공격은 기원전 586년 여름, 예루살렘의 함락으로 끝난다. 도망가다 붙잡힌 치드키야는 두 눈이 뽑힌 채 끌려가고, 예루살렘은 파괴된다. 애가는 이 처절했던 정경을 구슬프게 노래하며, 오바드야는 유다의 극심한 곤경을 틈타 유다 남부와 네겝을 차지한 에돔을 맹렬히 비난한다.

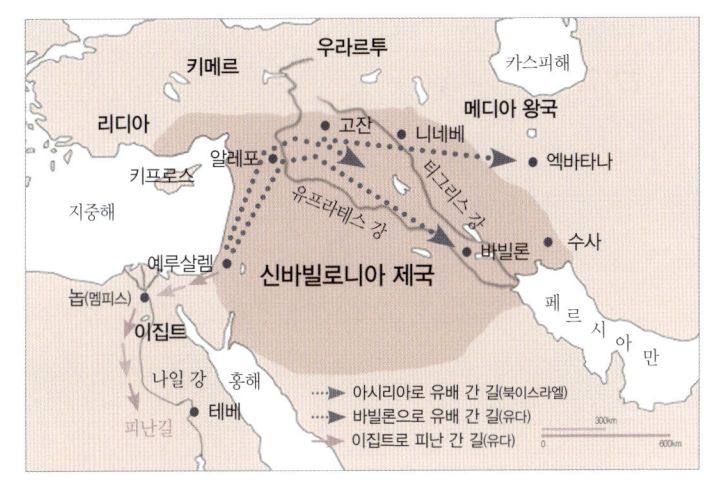

유다인들의 유배와 피난 경로

시리아·메소포타미아		아나톨리아(터키)·그리스		한국·중국	
625	메디아의 키약사레스(625~585), 처음으로 니네베를 포위.				
616	메디아와 바빌로니아, 스키타이, 연합세력을 형성.	621/0	드라코, 아테네의 법률 개정. 점차 정치적 위기 고조.		
614	메디아의 키약사레스, 아시리아의 아수르를 함락.				
612	아시리아에 쿠데타 발발, 메디아와 바빌로니아의 연합군이 아시리아의 수도 니네베를 점령(나훔 2,2-3,19).				
609	하란에서 마지막 아시리아 임금 아수르우발리트 2세 사망, 하란 파괴. 아시리아 제국 멸망.			7~6세기경	요동과 한반도 서북지역, 청동기 문화 발전 – 고조선의 성장 배경으로 추정.
605	**네부카드네자르 2세**(605~561) – 신바빌로니아 제국 건설. 근동 장악, 카르크미스와 하맛에서 이집트 격퇴, 시리아-팔레스티나 지배권 확보(예레 46,2).	600경	로마. 라피움의 도시로 발전.		
598	네부카드네자르 2세, 예루살렘 포위, 정복.			597	중국: 초나라의 장왕, 세 번째 패자로 등장.
597	여호야킨을 바빌론으로 끌고 감.	594~93	솔론, 아테네를 개혁.		
590경	페르시아의 캄비세스 1세(~559) 즉위	591~84	리디아, 메디아와 7년 전쟁.		
588	신바빌로니아, 다시 유다 공격, 예루살렘 포위.			6세기	황허 유역에서 패권 다툼이 계속 이어지면서 중국 전역이 피폐해짐.
586	예루살렘 함락. 유배자의 땅을 남은 자들에게 분배하고, 잔류민들을 다스리는 총독으로 그달야를 임명.				

3. 유다인들의 유배와 귀환, 재건(기원전 586~330)

구약성경의 형성과 1차 편집 시기

◀ 유다 산악지대에서 바라본, 엠마오 근처의 아얄론 골짜기와 그 주변 평야

20. 유다인들의 유배생활
(기원전 586~540)

바빌로니아 · 페르시아 시대
(기원전 586~332)

눈물 속에 듣는 하느님 말씀! 이집트는 버텼지만 신바빌로니아의 세력은 근동 일대를 휩쓴다. 나라를 잃은 유다인들은 사방으로 흩어지고, 유배 간 유다인이 낯선 외국에서 새롭게 자신을 발견한다. 외국에 유다인 정착촌이 형성되고 유배생활 중에 새로운 시대를 여는 고통스런 체험을 겪는다.

유배민들은 처음에 아시리아와 바빌로니아의 접경지대나 남부의 텔 아비브(홍수언덕: 에제 3,15), 텔 멜라(소금언덕: 에즈 2,59) 같은 버려진 지역으로 이주된다. 주로 소작농으로, 일부는 상업으로 생계를 유지하는 유배생활이 몹시 고통스럽지는 않았다(예레 29,5-7 참조). 신바빌로니아는 각 민족별로 자치생활을 허용했다. 덕분에 유다인들은 모여 살면서 원로의 지도를 받으며 자기네 고유 신앙과 구두전승을 보존할 수 있게 되나, 문화의 혼합 현상은 피하지 못한다. 일부 유다인들이 현지에 동화되고, 일상언어가 히브리어에서 아람어로 바뀌며, 개인의 이름(즈루빠벨: '바빌론의 자손')도 바빌로니아식으로 짓고 바빌로니아 달력이 수용된다. 그러나 부정한 이민족 땅에 성소를 세울 수 없으므로(시편 137,4), 그 대신 안식일을 지키고 할례를 준수하며, 일정한 시기마다 코바르 강가 같은

1. 미이라의 황금 덮개(부분), 26왕조의 아마시스 왕 시기, 이집트박물관
2. 달신을 경배하는 바빌로니아의 나보니도스, 기원전 550~540년경, 대영박물관
3. 그리스인들의 희생제의 장면, 기원전 540년경, 나무에 채색, 아테네 국립고고학박물관
4. 금과 은으로 상감한 청동 거울, 동주 시대, 일본, 에이세이 분코

기원전	이집트		유다
587/6			
		582	그달야(585~582) 총독의 암살, 행정권은 사마리아로 넘어감.
			유다인들의 이집트 이주(예레미야 포함: 예레 40-43장 참조)
		581	3차 유배: 유배민 745명(에제 52,30)
	제26왕조		유다는 사마리아에 합해지고 에돔은 유다 남부를 차지하며,
	아흐모세 2세(570~526)		암몬은 요르단 서안으로 밀려옴. 각종 지방 종교가 부흥하여 뒤섞임.
	중류 이하의 평민 계급 출신으로 쿠데타로 집권.		
	신바빌로니아의 도움 받아		바빌로니아에 끌려간 유배민들은 뚜렷한 법적 차별을 받지 않은 채
	와이브레의 복위를 저지함.		주로 농업과 상업에 종사함.
	신바빌로니아, 리디아와 함께		성전이 없으므로 일정한 장소에 모여 기도하며 안식일과 할례를 강조함.
	반反페르시아 선봉에 나섬.		사제들이 오경에 관한 사료를 수집하여 **사제계 전승 문헌** 작성 추정.
	키프로스를 정복하고, 리디아 등과 조약을 맺으며,		**신명기계 역사서**(여호수아기-열왕기 하권), **바룩서**의 편찬, 예언서 수집 시작.
	나우크라티스 항구에 그리스의 교역 사무소 설치		
	→ 번영의 시대 이룸.		
		550	이사야 40-55장을 쓴 **제2이사야**(~539) 활동 추정.
540			

(에제 1,1) 곳에 함께 모여 예언자의 가르침을 듣고 기도한다.

한편 이집트로 피난 간 유다인들은 이미 나일 강 유역에 거주하던 유다인들과 함께 큰 공동체를 이룬다. 별로 알려진 것은 없지만, 그들도 성소를 세우고 야훼 하느님을 섬기는 고유 신앙을 지켰던 것 같다. 또한 유다 땅에 그대로 남겨진 대다수 주민(80~90%)들은 유배 가거나 피난 간 이들의 땅을 소유하여 가꾸며 야훼 신앙을 지킨 것으로 보인다(예레 41,4-5). 나중에 귀환한 유배민들과 남아 있던 사람들 간의 토지 소유권과 신앙의 정통성 다툼은 정치적, 경제적, 종교적으로 심각한 분쟁 요인이 된다(예레 24,8 참조).

근동의 패자였던 신바빌로니아 제국은 의외로 빨리 종말을 맞는다. 나보니도스 임금이 달의 신 신(Sin)을 숭배하느라 오랫동안 수도를 비우자, 므로닥 신의 사제 계층과 민심은 임금을 등진다. 페르시아만 동편 파르사 주변에 세워진 이란계의 작은 나라인 페르시아는 키루스 2세 임금의 재위 중에 종주국인 메디아는 물론 신바빌로니아까지 정복한다. 이렇게 급변하는 정세에서 하느님의 뜻을 읽고, 주님께서 키루스 임금을 통해 이루실 귀환을 약속하며 유배민들을 위로한 제2이사야 예언자는 만민에게 열린 새로운 이스라엘을 비전으로 제시한다.

기원전 560년경 근동세계

시리아·메소포타미아		아나톨리아(터키)·그리스		한국·중국	
573	신바빌로니아, 이트바알이 다스리는 티로 함락.	585	리디아의 알리아테스 (601~560)와 메디아의 전쟁.	580경	중국: **노자** 탄생?
561	신바빌로니아의 아벨 므로닥(~560, 피살), 여호야킨 석방	575경	아테네에서 첫 주화 발행.	579·546	중국: 전쟁을 끝내기 위한 회맹會盟을 발기, 1차 실패,
559	신바빌로니아의 네르갈 샤르 우수르(~556, 의문사), 유배민들 억압함. 신바빌로니아 세력 급속히 쇠퇴. 페르시아의 **키루스**(키루스 2세, 559~530) 임금 즉위.	561/0	아테네 최초의 참주, 페이시스트라토스 집권(~556) 리디아의 크로이수스(~546)		2차 성공 - 진나라와 초나라로 패권이 나뉘자, 두 나라 귀족들이 다투는 춘추 시대 후기로 접어듬.
556	신바빌로니아의 라바쉬 므로닥(556, 반란으로 쫓겨남)		- 리디아 왕국의 전성기	563	인도: 석가(~483) 탄생
555	신바빌로니아의 **나보니도스**(~539) 임금, 달의 신 숭배.	550~500	이오니아 문화의 전성기로, 사모스 섬 등이 중심 이룸.		
554	나보니도스, 시리아의 하맛과 아모스 원정. 이집트·리디아·스파르타 등과 반反페르시아 동맹 전개. 나보니도스의 칩거시 황태자 벨사차르가 대리통치.	548	그리스의 델피 신전 소실.		
550	페르시아의 키루스, 메디아의 아스티아게스를 꺾음.	547/6	키루스, 리디아 정복. 에게 해의 그리스 도시들도 페르시아에 종속됨.	551경	중국: **공자**(~479) 탄생
547/6	키루스, 소아시아의 리디아 왕국을 정복하여 아나톨리아까지 영토를 확장함.				

21. 페르시아 지배와 유다인들의 귀환
(기원전 540~500)

바빌로니아 · 페르시아 시대
(기원전 586~332)

외국인 임금을 통해 주시는 하느님의 구원! 짧은 기간에 메소포타미아와 아나톨리아, 시리아에 이르는 대제국을 최초로 형성한 키루스 임금은 정복 지역의 종교와 문화 전통을 인정하며 유배민 귀환령 등 각 민족을 포용하는 정책을 취한다. 캄비세스 1세는 이집트를 점령하고, 다리우스 1세는 에게 해에서 북인도에 이르는 당대 세계 최대의 제국을 건설하고 통치 체제를 대대적으로 정비한다.

페르시아가 동·서방을 아우르는 제국을 이루면서, 양쪽 문화가 활발하게 교류되는 접경에 위치한 팔레스티나는 한층 국제화된다. 내륙에는 기존의 동방문화(바빌로니아와 이집트)가 강하였지만, 지중해변이나 교역로 주변의 도시에는 그리스의 영향이 서서히 침투한다. 특히 갈릴래아는 페니키아의 영향을 짙게 받으며 번창한다. 사용 언어도 히브리어에서 제국어인 아람어로 바뀌게 된다.

유다는 페르시아 제국의 제5관구(시리아-팔레스티나, 키프로스, 482년까진 바빌로니아 포함)인 유프라테스 서부지방 총독관구에 속한 자치지역으로 존속한다(행정 중심지는 미츠파). 관할 영역은 예루살렘('다윗의 도성'과 성전 산)

1. 황소 아피스신 비석, 이집트 후기 왕조 시대, 석회암에 채색, 루브르박물관
2. 다리우스 1세의 공용 원통형 인장과 굴린 그림, 기원전 500년경, 높이 3.7cm, 대영박물관
3. 피레우스의 아폴로, 기원전 525년경, 아테네 국립고고학박물관
4. 새가 앉은 막대기를 든 무당, 중국 서주 말기, 청동과 옥(새), 보스톤 예술박물관

기원전	이집트	유다	
540		**페르시아 통치**(539~332)	
	제26왕조(사이스 왕조)	539	키루스의 유배민 귀환 칙령(에즈 1,2-4; 6,3-5)
	아흐모세 2세(570~526)	538	봄에 유다 제후이며 지방관인 세스바차르가 이끄는 유다인의 귀향. 그 해 가을에 번제용 제단 쌓음. 대사제는 여호차닥의 아들 예수아(여호수아; 에즈 3,2).
	프삼티크 3세(526~525)	537	이월에 성전 기초를 놓았으나 사마리아인들이 방해.
			이사 56-66장을 쓴 **제3이사야** 활동(~510경) 추정.
	제27왕조(525~404)		
	페르시아 통치 시기		
	525 페르시아의 캄비세스 1세, 이집트를 정복	520~510?	즈루빠벨 지방관 재임, 대사제는 예수아, 아람어가 페르시아 제국의 공용어가 됨.
			다리우스 1세가 제국을 20개의 관구로 재조직하여 시리아, 팔레스티나는 제5관구에 속함.
		520경	유다인 2차 귀환. 유다인 귀환 공동체 인원은 2만 명(일부 학자 추정치).
			하까이, 즈카르야(1-8장) 예언자가 활약하여 성전 재착공(520년 12월).
			당시 시리아 총독은 타트타이, 사마리아 총독은 세터보스나이.
	517 페르시아, 이집트 반란 진압.	515	두 번째 성전 완성 봉헌 – 제2성전 시기(기원전 515~서기 70) 시작.
		510~490?	엘하난 지방관 재임.
500			

과 주변 지역으로 2000㎢ 가량(요르단 강 서편의 1/8 정도)이다.

기원전 538년 또는 약간 늦게 세스바차르가 이끄는 적은 수(수백 명 정도?)의 유배민이 처음으로 유다에 돌아온다. 기원전 520년경에는 상당히 많은 유다인이 귀환한다. 같은 시기에 다리우스 1세가 페르시아의 정권을 잡고 대대적인 개혁 조치를 취하면서, 각 지역의 신전에 재정을 지원하기 시작한다. 이러한 정책의 뒷받침을 받으며 예언자 하까이와 즈카르야는 경제적 어려움과 현지 주민과의 마찰, 페르시아의 혼란으로 지연된 성전을 재건하도록 적극 촉구한다. 성전이 궁핍과 불안정에 시달리는 귀환 유다인들에게 구심점 역할을 할 수 있기 때문이다.

여호야킨 임금의 손자인 즈루빠벨 지방관(1역대 3,19)과 대사제 예수아의 지휘로 마침내 두 번째 성전이 완성된다(기원전 516/5: 에즈 6,15). 첫 번째(솔로몬) 성전을 잇는 이 성전에는 "거룩한 불, 증거궤, 우림, 둠밈, 성령"은 없다고 라삐 전승(타닛 2,1)이 밝힌다. 그러나 이 새 성전은 새로 정화된 것으로 여겨지고, 페르시아의 지방관과 함께 대사제가 주도하는 유다의 신정정치가 새롭게 펼쳐지는 무대가 된다. 제2성전은 헤로데 대왕 때 전면적인 보수와 증축을 거쳐 서기 70년까지 존재한다. 이 제2성전 시기에 유다교가 태동, 형성되었기에 이 시기를 '초기 유다교' 시기라고 부른다.

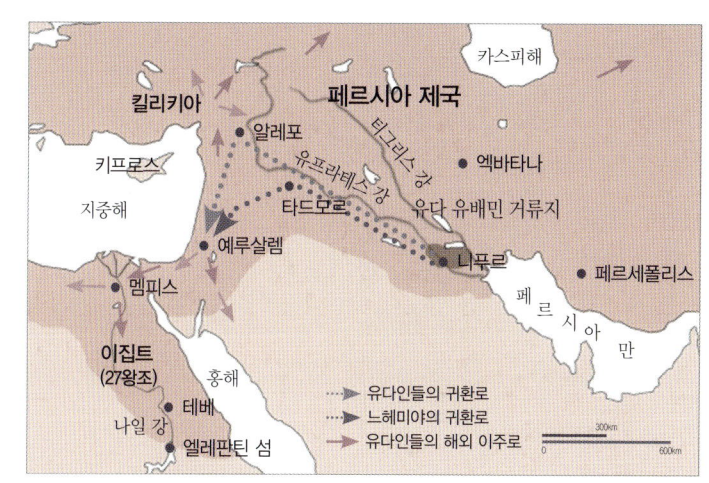

기원전 6세기 말 페르시아 제국

시리아·메소포타미아	그리스·로마	한국·중국
539 신바빌로니아 제국 멸망. **키루스 2세**, 페르시아 제국 건설(539~530). 유배민 귀환령 공포.	539 에트루리아·카르타고 함대가 페니키아 함대를 쳐부숨.	
538 유다인 1차 귀환.		6세기 한국: 청동기 문화
530 **캄비세스 2세**(~522) 즉위.		중국: 춘추시대 후기
525 이집트와 키프로스 정복 – 기원전 7세기 초의 아시리아 영토만큼 넓어짐.		
522 캄비세스가 죽은 뒤 가우마타의 왕위 찬탈(?)로 혼란해짐.		
521 **다리우스 1세**(~486) 권력 장악, 페르시아에서 가장 강력한 임금으로 행정을 개혁하고 조로아스터교를 국교로 삼음. 화폐를 주조하고(517년) 우편제도 정비. 바빌론 반란 정벌.	519 아테네, 테베를 쳐부숨.	
	515 그리스 델피에 아폴로 신전 재건.	
	509 로마 공화정(원로원, 민회) 수립. 왕정 붕괴.	
516 다리우스 1세, 스키타이 지역 원정.		
513 다리우스 1세, 보스포로스 해협 건너 유럽 지역의 스키타이 지역을 원정하여 트라키아 일대 장악.	508/7 클레이스테네스(~502), 아테네 개혁 – 민주정의 아버지	
	500 그리스 문화의 고전기(~323)	

22. 유다 공동체의 재건
(기원전 500~430)

바빌로니아 · 페르시아 시대
(기원전 586~332)

갈등과 분열 속에 하느님의 말씀에 귀를 기울이고! 페르시아 제국은 국력을 기울여 서방 세계로 손을 뻗친다. 에게해와 그리스 본토에서 십여 년 간 벌어진 페르시아 전쟁의 결과, 뜻밖의 승리를 거둔 그리스의 도시국가들은 짧지만 대단히 찬란한 고전문화의 개화기를 맞는다. 반면에 패배한 페르시아는 각 지역의 반란에 서서히 흔들린다.

페르시아 시대에 유다인들은 미츠파 등 5개 구역으로 나뉜 유다 속주 외에 시돈 속주 등 주변에 흩어져 살았다 (페르시아 시대에 유다 속주 인구는 대략 2만 명 안팎으로 추정. 예루살렘 인구도 초기 500명 정도에서 느헤미야 때 4500명 정도로 늘었다고 추정). 페르시아 제국도 별로 간섭하지 않고 정치는 안정되어 있지만, 자연재해와 경제적 궁핍으로 많은 유다인들이 고통스러워한다(말라 3,5.10-11).

그러나 이 시기에 유다인들은 내적으로 갱신되는 커다란 변혁기를 맞는다. 무엇보다 '이스라엘'이 종래의 정치적·지리적 개념에서 종교적 개념으로 변화된다. 특히 유배에서 돌아온 유배민들은 자신들만이 진정한 이스라엘인이라고 강력히 주장한다. 따라서 유배되지 않은 채 남아 있던 유다인들과 북이스라엘 옛 영토에 사는 사람들

1. 페르시아에게 공물을 바치는 이집트인, 다리우스 1세의 조각상 기단 부조, 이란 바스탄박물관
2. 황금팔찌, 기원전 6~5세기, 페르시아 왕가 소장품, 옥수스 강가 출토, 대영박물관
3. 포세이돈·아폴로·아르테미스, 기원전 5세기, 파르테논신전 부조, 아테네 아크로폴리스박물관
4. 악사들, 기원전 500년경, 에트루리아의 무덤 프레스코화, 이탈리아 타르튀니아 출토

기원전	이집트		유다	
500	제27왕조	페르시아 통치 시기	5세기 초반	오경의 **사제계 전승 문헌, 요엘서, 오바드야서, 잠언 1-9장, 에스테르기 초고** 저술 추정.
	497	다리우스 2세, 수에즈 운하 부분 개통.	495~399	이집트의 엘레판틴 섬에 유다인 공동체들이 용병으로 머물며 야훼 성전을 건설(파피루스 기록).
			490~470?	예호에제르 지방관, 대사제는 엘야십 1세.
	486-4	크세르크세스 1세, 키바세바의 반란 진압.	480경	벤야민 지역과 남부 사마리아 지역에서 소요 발생, 페르시아가 진압 파괴함.
			470	아흐자이 유다 총독, 대사제는 요하난 1세와 엘야십 2세.
			458	**에즈라** 귀환? (에즈 7,1의 황제를 아르타크세르크세스 1세 7년으로 볼 때) - 전통적 유력 견해. 에즈라가 예루살렘에서 율법을 선포하다.
	462	이집트의 봉기 - 페르시아 진압	444	**느헤미야**, 유다 지방관으로 부임(또는 440년), 대사제는 요하다(470년 이후), 사마리아 지방관은 산발랏 1세, 암몬 지도자는 토비야, 게달 지도자는 게셈(아라비아 사람).
	460	아테네, 키프로스 탈환 위해 이집트를 지원. 페르시아 승리(454년)	437?	느헤미야, 예루살렘 성벽(남쪽 제외)을 재건. **말라키서를** 쓴 예언자 활동 추정. 대사제는 엘야십과 요하난(느헤 12,10-11).
	450경	그리스에서 헤로도토스, 이집트를 방문함.	432	느헤미야, 12년간 재임한 뒤 수사로 돌아감.
430			430경	느헤미야, 지방관으로 재차 부임.

을, 야훼 신앙을 가졌더라도 모두 선택에서 제외된 '땅의 백성'으로 간주하고 분리시킨다. 유다 땅의 소유권이라는 현실 문제, 이를 둘러싼 신학적 정당성을 둘러싸고 여러 세력이 치열하게 다툰다.

성경에는 성전을 재건한 때부터 느헤미야에 이르는 70년간에 대한 언급이 없다. 하지만 각 속주의 종교 문헌을 수집·보존하도록 한 다리우스 1세의 정책이 시행되던 이 시기에, 유다의 사제와 현자들도 민족 서사시격인 오경과 신명기계 역사서를 편집하고 시편을 모으며, 새로운 사관으로 역사를 기술하는 역대기 저술작업을 시작한 것 같다. 이 일에는 유다 공동체 내의 갈등 요인을 조정하고 일치시키려는 뜻도 깃들어 있는 듯하다.

기원전 5세기 지중해 세계

기원전 450년대에 그리스가 위협하고 이집트가 봉기하자, 페르시아는 접경지대인 팔레스티나를 중시하여 이 지역의 충성을 확보하려 한다. 이때 페르시아에서 공식 파견한 유배민 출신의 사제이며 율법학자인 에즈라는 율법을 사회법으로 확립하며 ("하느님 법과 임금의 법" 에즈 7,26) 신정체제의 기초를 놓는다. 또 유다 지방관으로 파견된 느헤미야는 예루살렘의 옛 성벽을 보수하여 성읍의 역할을 회복시키고, 유다인의 복지를 위해 힘쓴다.

시리아·메소포타미아		그리스·로마		한국·중국	
페르시아의 다리우스 1세(~486)		로마, 공화정 초기(509~400)			
498	에게 해의 그리스 도시들과 키프로스, 봉기 일으킴.	499	에게 해의 이오니아 도시들 반란(아테네 지원).	497	중국: 공자, 14년간 각국 순방.
497~6	페르시아, 키프로스 재정복.	494	페르시아, 그리스 반란(밀레토스 중심) 진압.	496	월越나라, 오吳나라를 이김.
494~3	1차 페르시아 전쟁 – 반란 주도한 밀레토스 등 재정복.	490	그리스, 페르시아 1차 공격 격퇴 – 마라톤 전투	494	오 왕 부차, 월 왕을 예속시킴.
492~90	2차 페르시아 전쟁 – 마라톤 평원에서 페르시아 패전.	489	테미스토클레스, 아테네 개혁.		
485	**크세르크세스 1세(485~465)**	487	아테네, 도편추방제도 실시.		
482	바빌로니아의 반란을 진압한 뒤 관구 나눔.	480	아테네, 페르시아 2차 공격 격퇴.	482	오 왕 부차, 맹주가 됨.
480	3차 페르시아 전쟁 – 살라미스 해전에서 페르시아 패전.	478	아테네, 델로스 동맹 결성, 중심국가로 부각.	481	전씨, 제나라 권력 장악.
479	플라타이아에서 페르시아 패전, 바빌로니아 반란 진압.			479	공자 사망
		469	**소크라테스** 출생(~399)		
464	**아르타크세르크세스 1세(464~424)**	461	아테네, 페리클레스(~429) 시대 민주정 꽃핌.	473	월 왕 구천, 오나라 멸함.
460~454?	이집트의 반란, 아테네의 공격 격퇴.	455	아테네, 제국주의화 – 다른 도시국가들 반발.	468?	묵자 활약(~376?)
456	페르시아의 제5관구 총독은 메가비주스(~445경).	454	아테네, 이집트의 반란 지원 – 실패.		
448	페르시아, 그리스와 '칼리아스의 평화협정' 체결.	451	아테네, 시민권 제한(외국인 배척).	453	중국: 진晉나라, 조·위·한으로 분열. 춘추시대 말기에 '척'이라는 민중지도자 활약.
		450	로마, 최초 성문법인 '12표법' 제정.		
		431	그리스: 펠로폰네소스 전쟁(~404) 발발.		

23. 오경의 형성과 새 사조의 대두
(기원전 430~330)

바빌로니아 · 페르시아기
(기원전 586~332)

하느님의 말씀이 오경으로 드러나고! 그리스의 내전인 펠로폰네소스 전쟁으로 인해 잠시 한숨 돌리던 페르시아는 기원전 4세기에 접어들면서부터 다시 그리스와 지방세력의 거센 도전을 받게 된다. 속국 및 지방 총독들의 반란이 계속되는 가운데, 아르타크세르크세스 3세 때 잠시 평화를 누렸던 페르시아는 결정적으로 마케도니아의 알렉산드로스 대왕이 이끄는 그리스에게 굴복하고 만다. 지리멸렬한 그리스 세력을 통일한 아버지 필리포스 2세의 위업을 바탕으로 '하나의 세계'를 이루고자 했던 알렉산드로스 대왕은 서방 세력으로서는 최초로 대제국을 건설한다.

성경은 느헤미야의 두 번째 부임(기원전 430년경)부터 알렉산드로스의 유다 정복(기원전 332) 때까지 있었던 사건에 대해 전혀 언급하지 않는다. 고고학을 통해서 보면, 이 기간과 알렉산드로스의 정복 이후에도 유다와 사마리아 사람들은 물질생활에 큰 변화 없이 비교적 안정된 생활을 한 것 같다.

그러나 유다인들의 내부 사정은 복잡하고 다양했다. 페르시아가 부여한 공식적 권한을 지닌 느헤미야와 에즈라를 통해 바빌로니아 귀향민들은 유다의 주류세력으로 자리잡게 된다. 그들은 야훼 유일신론을 정립하고, 유다

1. 이집트의 토트신에게 봉헌하는 넥타네보 왕, 기원전 380~340년경, 이집트박물관
2. 에즈라기 4-7장이 기록된 아람어 파피루스, 기원전 400년경, 보들레이안도서관
3. 다림 금화, 다리우스 1세가 주조한 최초의 페르시아 주화, 기원전 4세기, 아쉬몰리안박물관
4. 제우스상(부분), 기원전 460년경, 아르테미시온 출토, 아테네 국립고고학박물관
5. 한국형 동검, 기원전 4세기경, 부여 연화리 유적 출토, 부여박물관

기원전	이집트		유다
430	이집트의 마지막 독립왕조 수립	428	에즈라 귀환? (에즈 7,1의 연도를 아르타크세르크세스 1세 37년으로 볼 경우 - 일부 견해)
	404 아미르타이오스(~399)	419	다리우스 2세가 파스카 축제를 축하하라고 엘레판틴 섬에 있는 유다 식민지에 지시.
	– 제28왕조	410	이집트인들이 엘레판틴 섬에 있는 유다인 성전을 파괴함 – 이집트의 유다인들이 예루살렘으로 성전 재건을 지원해 달라고 요청.
	399 네파아루드 1세(~393)		
	– 제29왕조(수도: 멘데스)	408경	에즈라가 예루살렘에서 율법을 봉독하다?
	393 하코르(~380)		유다 지방관 비그히(바고아스), 대사제 요하난 2세, 사마리아 총독은 들라야.
	380 넥타네보스 1세	398	에즈라 귀환? (에즈 7,1의 연도를 아르타크세르크세스 2세 7년으로 볼 경우 - 일부 견해)
	– 제30왕조(~343)		이때쯤 **오경**이 최종 편찬되었다고 추정, 대사제 피살.
	361 파라오 테오스, 페니키아 공격		유다가 독립적으로 찍어낸 동전에 "yhd" (Yehuda, 예후다)라고 새김.
		354	사마리아 지방관은 하난야.
	343 다시 페르시아가 정복함	4세기 말(~3세기 중반): **에즈라기, 느헤미야기, 역대기, 요나서**(~200) 편집 추정.	
	제31왕조(~332)		
	332 **알렉산드로스**,	335경	유다 지방관은 히즈키야, 대사제는 요야다 3세, 사마리아 총독은 산발랏 3세.
	이집트 정복(~323)	332	알렉산드로스 대왕, 일곱 달의 포위 끝에 티로, 가자 점령, 유다 정복.
330	331 알렉산드리아 도시 건설	331	사마리아 봉기, 알렉산드로스가 파괴 후 재건. 헬레니즘 시기에 그리짐 산에 사마리아 성전 건립.

인의 순수성을 위해 다른 민족들과 통혼을 금지하고, 안식일을 준수하며, 이를 지키지 않는 이들에게 재산 몰수와 공동체 추방이란 심한 벌을 가한다(에즈 10,8). 이런 가운데 기원전 400년경에 오경이 최종 편집되고, 이를 바탕으로 유다교가 태동하였다고 추정된다.

그러나 이런 주류 외에 다른 견해들도 제기된다. 룻기에는 이민족인 모압 여인과의 혼인이 묘사되고, 욥기의 저자는 유다인이 아닌 욥이라는 주인공을 통해 전통적인 응보사상에 대해 의문을 던진다. 제3이사야와 제2즈카르야(즈카 9–14장), 말라키서 등은 좀 더 넓은 구원관을 주창한다. 이러한 예언서에 기존의 질서를 뛰어넘는 새 세계의 비전이 담기면서, 장차 대두될 묵시문학의 바탕이 마련된다. 또 나라를 잃은 현실에서 이스라엘을 재건해 줄 구세주를 기다리는 메시아 사상 역시 저변에서 줄곧 흘러간다.

한편 바빌로니아 등 동방에 흩어져 사는 해외(디아스포라) 유다인들의 생활은 팔레스티나의 유다인들보다 안정되었다. 그들 역시, 정기적으로 일정한 장소에 모여 야훼 하느님을 예배하는 본연의 신앙을 지켜 나간다. 이집트의 유다인들도, 엘레판틴 섬의 유다인들처럼, 다소 혼합적인 신앙생활을 한 것 같지만 본토 유다인들과 지속적인 관계를 유지한다.

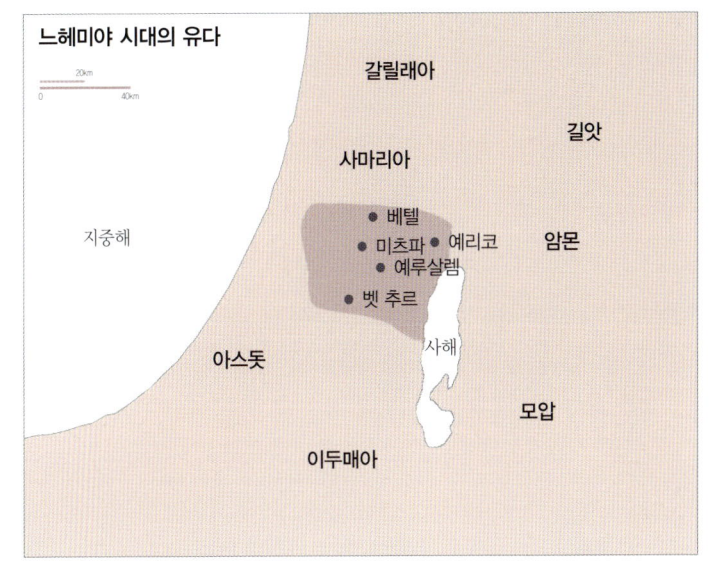
느헤미야 시대의 유다

BC 430~330

시리아·메소포타미아		그리스·로마		한국 · 중국	
424	페르시아의 크세르크세스 2세(424)/소그디아노스(424)	429	플라톤 출생(~347)	403	중국: **전국시대**(~221)
423	다리우스 2세(~404), 페르시아의 임금으로 즉위.	404	펠로폰네소스 전쟁에서 스파르타, 아테네를 꺾고 30년간 패권 차지.		한, 위, 초, 제, 진, 초, 연.
404	**아르타크세르크세스 2세**(~359)			400경	한반도 중부에 **청동기 문화** 확산(세형동검 등).
401	바빌로니아(키루스 주도)와 에게 해 그리스 도시들의 봉기. 이집트와 팔레스티나 일부도 봉기 – 페르시아 국력 쇠퇴.	400	로마, 공화정 중기(~204)		고조선, 제나라와 교역. 4세기에 부여 형성 추정.
360년대	지방총독들의 반란 계속.	399	소크라테스 처형		
358	**아르타크세르크세스 3세** 즉위(~338)	384	**아리스토텔레스** 출생(~322)	382	중국: 초의 도왕, 오기 등용.
345	페르시아, 5년 간의 시돈 독립투쟁 진압.	371	테베, 스파르타 꺾고 지배(~362).	372경	중국: **맹자** 출생(~289)
343	페르시아, 이집트 재정복.	367	로마, 최초의 평민집정관 선출.	369경	중국: **장자** 출생(~286)
		362	그리스 도시연합, 테베를 물리침.	359	중국: 진의 효공, 상앙 등용 – 20여 년 개혁, 통일 토대.
338	**아르타크세르크세스 4세**(~336) 꼭두각시 임금	340	로마, 라틴족 통제(~338).		
336	**다리우스 3세**(~330) – 페르시아의 마지막 임금	338	마케도니아의 필립포스, 그리스 장악	356	중국: 제의 위왕, 손빈 등용 – 353년에 위나라 대파.
334	소아시아의 그라니코스 강에서 알렉산드로스에게 첫 패배.	336	**알렉산드로스**, 마케도니아 임금 즉위		
333	킬리키아의 이수스에서 알렉산드로스에게 패배.	335	스토아 철학자 제논(~263?) 출생	4세기 말	전국시대의 여파로 북중국에서 요동으로 백성 이주.
331	메소포타미아의 가우가멜라에서 알렉산드로스에게 패배.	334	알렉산드로스, 페르시아 원정 개시.		
330	다리우스 3세, 암살당함 – 페르시아 멸망.	331	알렉산드로스, 페르세폴리스 점령.		

4. 헬레니즘 세계 속의 유다(기원전 330~1)

구약성경의 형성과 2차 편집 시기

◀ 에게 해의 사모트라케 섬에 있는 그리스 신전 유적

24. 헬레니즘의 형성과 확산
(기원전 330~200)

헬레니즘 초기
(기원전 332~167)

낯선 만남 속에 말씀은 풍요로워지고! 알렉산드로스 대왕이 페르시아를 정복하여 근동 일대를 차지한 뒤에, 처음으로 그리스(헬라) 문화가 압도적으로 동방 일대에 퍼지면서 토착 동방문화를 수용한 새로운 세계관이자 생활양식인 헬레니즘이 생겨난다. 알렉산드로스 제국을 갈라 통치한 각 헬레니즘 국가들은 강력한 전제정치를 시행하며 교역을 활발히 펼치고 적극적인 문화진흥책을 쓰면서, 지중해 연안은 물론 내륙 지역까지 헬레니즘을 널리 퍼뜨린다. 기존의 도시국가와 민족국가의 틀이 깨어지고 낯선 문화와 전면적으로 부딪치는 이 변혁기에 좀 더 보편적인 시각과 새로운 생각들이 자라난다.

알렉산드로스가 죽은 뒤 그의 대제국은 여섯 장군의 치열한 다툼 끝에 4개의 독립왕국으로 갈라진다. 이집트를 관할한 프톨레마이오스 왕조는 무력으로 남부 시리아-팔레스티나를 점령하여, 이 지역의 관할권을 두고 셀레우코스 왕조와 계속 다툰다. 프톨레마이오스 왕조는 페르시아의 정책을 대부분 그대로 수용해서, 유다에는 따로 관리를 파견하지 않고 대사제와 원로들의 지도하에 상당한 자치권을 행사하도록 허용한다.

1. 프톨레마이오스 2세와 부인, 기원전 3세기, 상트페테르부르크, 에르미타주박물관
2. 알렉산드로스 대왕의 입소스 전투, 기원전 4~3세기, 모자이크, 나폴리 국립박물관
3. 셀레우코스 왕조의 안티오코스 3세의 두상, 기원전 3세기, 대리석, 루브르박물관
4. 그리스계 박트리아 왕국 유티데모스 왕의 초상, 기원전 3세기 초, 금화, 탁실라 고고학박물관
5. 청동 박종, 기원전 4~3세기, 중국 전국시대, 높이 66.4cm, 워싱턴 프리어미술관

기원전	이집트	유다
330	323 **프톨레마이오스 1세**(~283) 왕국(~30) 건설	319 프톨레마이오스 1세, 남부 시리아 일대를 왕국에 병합.
	304 프톨레마이오스 1세, 왕이라고 선포.	319 안티고노스 장군, 시리아 일대를 점령.
	300 알렉산드리아에 대학(뮤제이온) 설립.	312 프톨레마이오스 1세, 가자 전투에서 안티고노스를 꺾고 유다 점령.
	282 **프톨레마이오스 2세**(~246)	301 프톨레마이오스 1세, 입소스 전투에서 승리한 후 페니키아와 팔레스티나 차지.
	- 칠십인역 번역 지원? 최고 번영기.	계속 셀레우코스 왕조와 영토 전쟁('시리아 전쟁')을 벌임.
	280경 사제 마네토가 이집트 연대기 작성.	300경 유다 대사제 오니아스 1세, 스파르타 임금 아리오스 1세(309~265)에게 편지 보냄.
	274 1차 시리아 전쟁(~271) 셀레우코스 왕조에게 승리.	유다는 대사제에 의해 비교적 자치적으로 통치됨.
	273 로마와 외교관계 수립.	이때를 전후해서 **코헬렛**이 저술되었다고 추정.
	260 2차 시리아 전쟁(~253) 패배.	259 이집트의 재무관료인 제논이 시리아-팔레스티나 교역기행기 52통 남김.
		250경 아리스테아스 서신에 따르면 프톨레마이오스 2세가 알렉산드리아 도서관에 소장하고자 오경을 그리스어로 옮기도록 했다고 전함(칠십인역 구약성경).
	246 **프톨레마이오스 3세**(~221): 절정기 3차 시리아 전쟁(246~241) 대승.	
	221 **프톨레마이오스 4세**(~204): 위축	3세기에 **시편** 편집(?), **즈카르야서** 9-14장 저술 추정.
200	4차 시리아 전쟁(219~217) 승리.	

팔레스티나의 유다인들은 그 지역을 두고 다섯 차례나 치러진 '시리아' 전쟁 때문에 큰 고통을 겪지만, 전반적인 생활 여건이 나쁘진 않았다. 그러나 전면적으로 그리스 문화와 맞닥뜨리면서 그 영향을 점점 강하게 받게 된다. 간소화된 코이네 그리스어가 상업 및 행정언어로 널리 확산되자, 기존 언어(아람어, 히브리어)와 함께 두세 가지 언어를 사용하는 유다인이 늘어난다. 특히 지중해변과 내륙의 그리스식 도시(polis)들은 그리스 문화의 거점으로 자리잡고, 토비야 가문 같은 부유한 상류층은 그리스 포도주를 수입하여 그리스 문화를 즐기고 전하는 데 앞장선다. 이러한 시대사조 속에서 현실의 삶을 깊이 성찰한 지혜문학서인 코헬렛이 등장한다.

이 당시 이집트의 유다인들은 프톨레마이오스 왕국의 수도인 알렉산드리아에 따로 모여 살면서 해외 유다인 거주지 중에서 최대 세력을 이룬다. 특히 그들은 기원전 3세기 전반부에 오경을 히브리어에서 그리스어로 옮기는, 최초의 성경 번역 작업을 시작한다(《셉투아진타Septuaginta = 칠십인역》, 기원전 2세기 후반에 편집됨). 유다인들은 프톨레마이오스 왕조에게서 여러 가지 특권을 받으며 번성했으나, 동시에 그들을 배척하는 움직임도 이집트 내에서 점차 거세진다.

서기 270년경 지중해 세계

시리아·메소포타미아		그리스·로마		한국·중국	
326	알렉산드로스, 인더스 강을 건넘.	318	아테네에 민주정 사라짐.	320경	중국: 철제 농기구 사용
323	알렉산드로스, 바빌론에서 병사, 후계자 다툼(~281).	316	그리스, 테살로니카 시 건설.		→ 생산성 증대
312/11	**셀레우코스 1세** 모노판탈모스(~281 니카토르), 시리아와 바빌로니아에 셀레우코스 왕국(~65) 수립.	312	로마, 아피아 가도 건설 시작.	313경	중국: 순자 출생(~238)
		307	데메트리오스 1세, 아테네의 민주정 회복.	300경	한국: 초기 철기 문화 시작
300	시리아의 안티오키아 시를 새로운 수도로 건설.	283	리시마코스, 그리스 지배(~281)		고조선이 초기 왕국으로 성장.
281	**안티오코스 1세** 소테르(~261) 즉위.	280	피루스 임금, 이탈리아 통치(~275)		일본: 청동기 문화 시작.
274	이집트와 1차 시리아 전쟁(~271) 패배.		켈트족(골족)의 그리스 침략(~279)	283	중국의 연과 고조선 싸움
		272	로마, 피루스 꺾고 이탈리아 중남부 장악.	278	중국 《초사》 쓴 굴원 자살
261	안티오코스 2세(~246) - 이집트와 2차 전쟁 승리.	264	1차 포에니 전쟁(~241). 로마, 이탈리아 전체 장악. 카르타고 꺾고 시칠리아 점령.	256	중국: 진나라, 동주를 멸망시킴.
250경	파르티아족에게 현재의 이란 영토 빼앗김.				
246	셀레우코스 2세(~225) - 이집트와 3차 전쟁 패배.	250경	수학자 아르키메데스(~211) 활약.	221	**진시황**(~210), 중국 첫 통일 분서갱유(213)
225	셀레우코스 3세(~223 암살)	229	아테네, 마케도니아에서 독립.	209	중국: 최초의 농민봉기 발생
223	**안티오코스 3세**(~187) - 왕국 세력 절정기 소아시아 해안과 동부 지역 정복. 이집트와 4차 전쟁 패배.	218	2차 포에니 전쟁(~202) - 로마, 한니발 꺾고 승리, 지중해 섬과 스페인 차지.	207	중국: 진나라, 유방에게 멸망.
		207	로마, 공화정 말기(~30)	202	중국: 유방, 항우 꺾고 한漢 건설 (수도: 장안/시안)

25. 헬레니즘과 유다교의 충돌
(기원전 200~150)

헬레니즘 초기
(기원전 332~167)

헬레니즘 후기
(기원전 167~37)

미약한 유다 마카베오 형제들을 통해 당신의 권능을 드러내신 하느님! 로마가 지중해 세계의 신흥 세력으로 급부상하는 기원전 2세기 초에 팔레스티나는 셀레우코스 왕조의 영토로 넘어간다. 유다의 대사제인 시몬과 일부 상류층의 지원에 대한 보답으로, 셀레우코스 왕조의 안티오코스 3세는 유다에 호의를 베푼다. 하지만 그가 소아시아까지 넘보다 로마에게 대패하여 막대한 배상금(은 15000탈렌트)을 물게 되자, 그의 후계자들은 그 돈을 마련하기 위해 속국들의 신전 재물을 탐낸다.

마침 안티오코스 4세 때 현직 대사제의 동생인 야손이 임금에게 기부금을 내고 대사제로 임명받는다. 임금이 대사제를 임명하는 동방 관습에는 부합하나 유다 관습에는 맞지 않는 일이다. 이 일을 계기로 셀레우코스 왕조는 유다의 관습과 대사제 선정에 적극 관여하게 된다. 기원전 172년에는 메넬라오스라는 평사제가 더 많은 뇌물을 주고 임금에게 대사제직을 받는다. 차독 가문 출신이 아닌 대사제가 임명되자 유다 내부에서 강한 반발이 일어난다. 더구나 야손과 메넬라오스는 모두 그리스 문화를 선호하는 이들로서 상류층의 호응을 받아 예루살렘에

1. 황소 부키스 신에게 공양하는 프톨레마이오스 5세, 기원전 181년, 석회암, 이집트박물관
2. 셀레우코스 왕조의 데메트리오스 1세 소테르의 초상이 새겨진 주화
3. 황소 머리 형태의 등잔, 기원전 2세기, 아테네 출토, 아테네 국립고고학박물관
4. 승리의 여신 니케, 기원전 2세기, 사모트라케 섬 출토, 루브르박물관
5. 말과 기병의 도용, 기원전 210년경, 진 시황제의 병마용갱에서 출토, 중국 서안

기원전	이집트		유다	
200	204	프톨레마이오스 5세 (~180)	200경	대사제 시몬 2세 사망? 오니아스 3세(~175) 대사제 취임?
			198년 이후	팔레스티나, 시리아의 셀레우코스 왕조 지배하에 들어감
	198	제5차 시리아 전쟁(201~198), 안티오코스 3세에게 패배한 뒤 이집트 세력 위축.	190~180경	**집회서, 토빗기** 저술 추정, 2세기 중에 그리스어 **에스테르기** 저술, 회당에서 예언서 봉독 추정.
			175/4	야손이 대사제 됨(~172) - 그리스 문화 선호, 예루살렘에 체육학교 세움.
			172/1	메넬라오스, 대사제직을 매수(~163). 오니아스 3세 살해됨(170년경: 2마카 4,34).
	194	안티오코스 3세의 딸(클레오파트라 1세)과 혼인.	169	안티오코스 4세, 1차 이집트 원정(~168) 뒤 예루살렘 성전 약탈.
			168	안티오코스 4세, 2차 이집트 원정(다니 11,29-30) 뒤 예루살렘 요새 건설, 주둔군 배치.
			167	예루살렘 성전을 더럽힘, 이교 제사 거행, 유다인 박해. **다니엘서** 저술 추정(~165).
	181	프톨레마이오스 6세와 클레오파트라 2세(~145), 유다 대사제 오니아스 4세에게 레온토폴리스에 있는 옛 신전을 유다 성전으로 사용하도록 넘겨줌.	167/6	마타티아스 항쟁 개시 - '경건한 사람들(하시딤)' 합류. 유다 마카베오가 항쟁 계승(166/5).
			164	박해 종료, 성전 정화함 - **하누카 축제**(제단 봉헌 축일) 시작(12월).
			162	안티오코스 5세 - 유다교 금지 칙령 폐기, 유다인 종교 자유 획득.
			161	유다, 니카노르 꺾고(하다사 전투) 로마에 사신 보내 맹약 체결. 데메트리오스 1세 - 알키모스(~159)를 대사제로 지명.
			160	유다 전사(엘라사 전투), 요나탄(~143) 지도자직 승계, 세력 위축(트고아, 믹마스 지역에 정착).
	170	프톨레마이오스 7세(~164)	159	대사제 알키모스의 사망으로 대사제직 7년간 공백.
150		공동 섭정	152	알렉산드로스 발라스가 요나탄을 대사제로 임명. 그 뒤에 지방장관으로 임명(150년).

그리스 생활양식을 퍼뜨린다.

안티오코스 4세는 그리스 문화로 제국을 통합하려는 뜻에서 기원전 167년 12월에 유다를 그리스화시키는 전례 없던 종교정책과 가혹한 조세정책을 발표한다. 이 정책이 유다와 예루살렘에서 시행되면서(기타 지역은 무관) 예루살렘 성전에 제우스 신상이 세워진다. 유다의 미래와 신앙이 최대의 위기에 놓였다고 판단한 경건한 유다인들은 예루살렘이 아닌, 지방에서 봉기를 일으킨다. 마카베오 가문의 유다를 중심으로 뭉친 경건한 유다인들은 지형지물을 이용한 게릴라전으로 시리아군에 줄곧 맞서면서 세력을 키운다. 마침내 기원전 164년 초에는 양쪽이 협정을 맺게 되고, 그해 키슬레우달(12월)에 유다인들은 성전을 다시 정화하여 봉헌하는 기쁨을 갖는다.

이 시기 곧, 기원전 2세기 전반부에 에스테르기, 유딧기, 토빗기 등이 저술 또는 최종 편집된다. 이 성경들은 이민족이 다스리는 사회에서 유다인들이 어떻게 야훼 하느님 신앙을 지키며 살아갈 수 있는가를 다루고 있다. 안티오코스 4세가 박해하던 시기에는 구원의 비전을 제시하는 본격적인 묵시문학 작품인 다니엘서 7–12장이 쓰인 것으로 여겨진다. 또 박해와 마카베오 항쟁을 소재로 하여 유다인 순교자들이 받을 영광을 묘사한 역사서인 마카베오기 하권도 집필된다.

셀레우코스 왕조의 행정구역(기원전 198~142)

시리아·메소포타미아		로마		한국·중국	
198	셀레우코스 왕조의 안티오코스 3세, 팔레스티나 일대 점령.	197	로마, 마케도니아 1차 꺾음. (키노스케팔라이 전투)	200	한반도 남부에 초기 철기문화 (세형동검, 잔무늬거울) 확산.
190	마그네시아에서 로마에게 대패 – 막대한 전쟁배상금 물게 됨. (188년 아파메아 협정에 의해)	190	로마, 셀레우코스 왕조 꺾음. 페르가몬 왕국에서 양피지 개발.	195	중국: 한고조 사망, 여태후 실권 장악.
187	셀레우코스 4세(~175: 안티오코스 3세의 아들)	186	로마 원로원이 디오니소스 제의 관계자 6,000여 명 처형.	194	연의 망명자 위만, 고조선의 정권 탈취, 위만조선(~108) 시작.
175	예루살렘 성전 재물을 빼앗으려다 실패함. 신하에게 살해됨.				
175	**안티오코스 4세**(~164): 로마의 인질에서 돌아와 즉위.			179경	중국: 동중서(~90) 출생 유학으로 사상계 통일 제의.
169	6차 시리아 전쟁(~168)	171	로마, 3차 마케도니아 전쟁.		
169	1차 이집트 원정(168) – 이집트의 대부분을 점령.	168	로마, 마케도니아 재차 꺾음 (피드나 전투), 넷으로 분할(167)		
168	2차 이집트 원정 – 로마의 요구로 철군. 그리스화 강력 추진 – 예루살렘 성전에 제우스 제단 세움.				
164	**안티오코스 5세**(~162: 안티오코스 4세의 아들)				
163	프톨레마이오스 마크론의 자살, 리시아스가 유다에 파병됨.				
162	**데메트리오스 1세** 소테르(~150: 셀레우코스 4세의 아들)				
161	팔레스티나 파병, 알키모스를 대사제로 지명. 2차 파병 때 사령관 니카노르 전사.	156	비티니아와 페르가몬 전쟁(~154)		
		150	제3차 포에니 전쟁(~146) – 카르타고 파괴	154	중국: 오초 7국의 반란 – 진압.
160	3차 파병 때 유다 살해.				

26. 유다의 독립과 하스모내오 왕조의 수립 (기원전 150~100)

헬레니즘 후기

(기원전 167~37)

종교 자유를 넘어 선물로 받은 민족 독립! 마카베오 가문이 로마와 동맹을 맺은 것은 실로 현명한 일이었다. 그리스에 이어 소아시아까지 차지한 후 계속 동쪽으로 세력을 넓히는 로마의 기세를 꺾을 나라는 없었다. 셀레우코스 왕국은 로마와 파르티아의 압박으로 세력이 위축된 데다 왕권을 둘러싼 내분까지 겹쳐 혼란에 빠진다. 이에 힘입어 마카베오 가문은 세력을 크게 넓힌다. 하지만 안식일에도 싸우고, 특히 평사제 출신인 요나탄과 시몬이 연이어 대사제로 된 데다 정치 권력까지 장악하자, 유다 내부에 또 다른 분열이 생긴다. 율법을 엄격하게 지키려는 일단의 사람들은 그들의 조치를 불의하다고 여겨 따로 떨어져 나가 에세네파를, 함께 항쟁을 벌였던 '경건한 이들(하시딤)' 중의 일부는 갈라져 바리사이파를 형성한다. 시몬을 지지하는 예루살렘 사제들과 원로들은 사두가이파로 뭉친다.

시몬이 독립된 유다의 지도자로 체제를 굳히고 아들 요한이 그의 자리를 승계하면서, 이스라엘 역사 최초로 정치 권력과 종교 권력을 통합한 하스모내오 왕조가 세워진다. 오랫만에 독립한 유다에서, 요한은 셀레우코스 왕국의 세력이 위축된 틈을 타 영토 확대에 나선다. 남부의 이두매아를 점령하여 모든 남자에게 할례를 행한 뒤 유

1. 푸른 딱정벌레 인장, 이집트 헬레니즘 시대, 나무에 채색, 이집트박물관
2. 셀레우코스 왕조의 알렉산드로스 발라스와 부인 클레오파트라 데아의 청동부조, 기원전 150년경
3. 로마의 1 데나리온 은화, 기원전 137년 주조, 파리 국립도서관
4. 로마의 모신상, 기원전 1세기, 크로아티에박물관
5. 등을 든 시녀상, 기원전 2세기 말, 두관 왕후의 묘 출토, 중국

기원전	이집트		유다	
150	145	프톨레마이오스 7세 (~144)	150~141경	'정의의 스승'이 쿰란에 공동체(에세네파) 건설 추정 (또는 140-130년).
			143	시리아 총사령관 트리폰이 요나탄을 처형함, **시몬**이 지도자가 됨(~134).
	144	프톨레마이오스 8세 (~116), 유다인 박해.	142	데메트리오스 2세가 유다인 세금을 면제시킴 – 실질적인 유다의 독립(1마카 13,42).
			141	예루살렘 성채(아크라)에서 시리아 주둔군 추방.
			140	시몬이 대사제, 군사령관, 영주(Ethnarch)로 공식 추대됨. 연호를 사용하면서 하스모내오 왕조 시작.
			134	시몬이 사위에게 살해됨, **요한 히르카노스 1세** 대사제(~104)
			129	요한, 유다 남부의 이두매아(에돔) 정복, 강제 할례.
			128	요한, 스켐 공격하며 그리짐 산의 사마리아 성전 파괴 – 유다와 사마리아 결별.
	116	프톨레마이오스 9세 (~108/7)	124경	**마카베오기 하권**이 쓰였다고 추정되는 제일 늦은 연대.
			108/7	요한, 사마리아 점령 파괴 – 바리사이 반발.
	108/7	프톨레마이오스 10세 알렉산드로스 1세, (~89/88)	104	아리스토불로스 1세(~103), 임금으로 자처, 갈릴래아를 침략한 북쪽의 이투래아 사람들 격퇴
			103	알렉산드로스 얀네우스가 왕위 계승(~76).
			100경	**마카베오기 상권**이 히브리어로 쓰였다고 추정되는 제일 늦은 연대.
100	100	세포리스 공격하나 실패.		

다인으로 만들었으며, 사마리아 지역의 대부분을 정복하고 말년에는 저항하던 사마리아 성읍까지 파괴한다. 이 일련의 파괴 사태로 모세의 진정한 후예로 자처하는 사마리아인과 유다인은 결코 화해할 수 없는 사이로 갈라선다. 또 정복한 주민의 강제 개종 정책은 주변 민족들에게 유다교에 대한 적대감을 심어 주었다.

요한의 아들 아리스토불로스 1세는 1년 정도 권좌에 앉아 처음으로 '임금'이란 칭호를 사용한 것 같다. 이는 유다의 정치적 독립뿐 아니라 이스라엘 왕조의 재건을 뜻한다. 그는 오랫동안 "이민족들의 땅"이었던 상부 갈릴래아를 차지하고 그곳에 사는 이투래아인들을 강제로 유다교로 개종시킨다. 또한 권력을 위협한다는 이유로 가족을 가차없이 살해한다.

이 당시 디아스포라 유다인들은 팔레스티나 유다인보다 훨씬 더 많았다. 유배민들의 후예인 바빌로니아 디아스포라는 본토와 긴밀히 교류하면서 성경의 전승을 보존하는 데 힘써 나중에 성경 본문의 기초를 형성한다. 이와 달리 이집트의 디아스포라는 알렉산드리아를 중심으로 지중해 세계로 뻗어간다. 그리스어와 그리스어 성경(칠십인역)을 사용하며 그리스 문화에 더 개방적인 이들을 통해 이민족들이 유다교에 대해 알게 되고 접근한다.

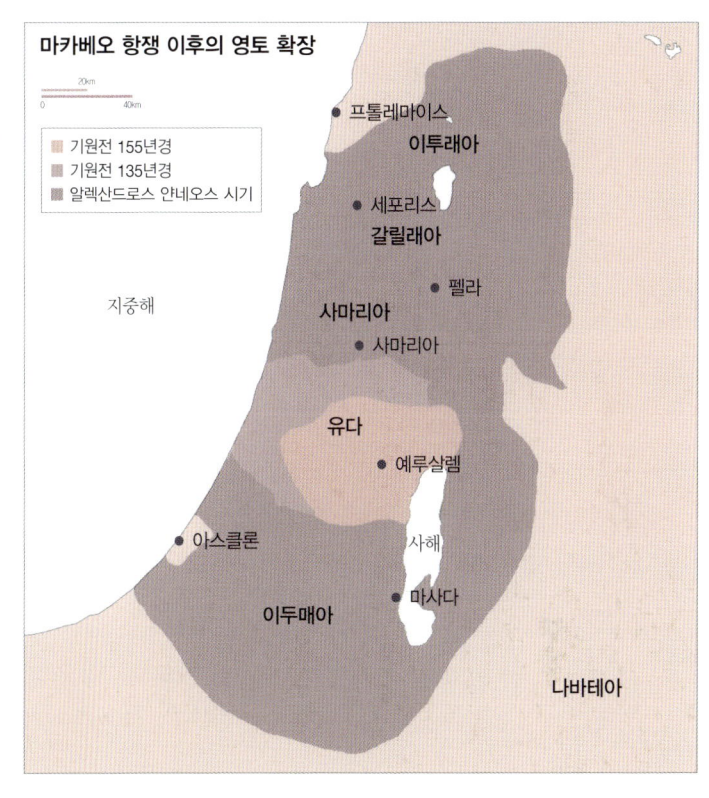
마카베오 항쟁 이후의 영토 확장

시리아·메소포타미아		로마		한국·중국	
150	셀레우코스 왕조 알렉산드로스 발라스(~145)	146	로마, 마케도니아를 속주로 삼음. 아카이아 동맹의 반란 진압, 코린토 파괴. 그리스 속주와 아프리카 속주 설치.	145	중국: 역사가 사마천 출생.
145	데메트리오스 2세(~139 포로) // 안티오코스 6세(~142) 병립			141	한 무제(~87) 즉위 – 개혁 단행.
142/1	트리폰(~139) 왕위 찬탈.			139	한 무제, 장건을 서역으로 파견.
139	안티오코스 7세(~129) 유능했으나 파르티아와의 전쟁에서 전사, 이후 국력 쇠퇴.	133	로마, 페르가몬 왕국(아탈로스 3세)을 넘겨받음. 호민관 티베리우스 그라쿠스가 토지개혁을 추진하다 피살.	128	한 무제, 투항한 예족을 다스리는 창해군 설치(2년 후 폐지). 철제 농구 확산과 소의 밭갈이로 농업 생산성 급증. 전한 초기에 《황제내경》 완성됨.
135/4	예루살렘 포위.				
129	데메트리오스 2세 재집권(~126/5)	129	로마, 아시아 속주 설치.		
128	알렉산드로스 짜비나스(~122)				
125	셀레우코스 5세 · 안티오코스 8세(~113) – 짜비나스 꺾고 재통합.	122	로마, 호민관 가이우스 그라쿠스의 사회개혁 – 개혁이 실패한 후 내란 발발(121).	109	위만조선의 우거 왕, 한의 요동도위 살해.
113	안티오코스 9세(~95)	107	로마, 마리우스 장군의 집권(~86) – 직업군인제로 병제 개혁(104).	108	한, 위만조선 정복, 낙랑군 설치.
111	안티오코스 8세(~96) – 쫓겨났다 복귀한 뒤 대항.	100	율리우스 카이사르 출생(~44).	107	한 무제, 현도군 설치.

27. 로마의 팔레스티나 점령
(기원전 100~50)

헬레니즘 후기
(기원전 167~37)

유다, 독립에서 종속으로 당시 로마는 에스파냐와 이탈리아에서 일어난 반란을 잠재운 뒤 소아시아 북쪽의 폰투스를 비롯한 지중해 동부 지역을 완전히 평정하기 위해 동쪽으로 진군한다. 기원전 65년에 이르러 폼페이우스가 이끄는 로마군은 소아시아와 페니키아 일대를 정복하여 동방에 교두보를 확보한다. 이미 동방은 계속된 왕국간의 전쟁과 전제정치로 상당히 쇠락해 있었다.

로마 제국이 해일처럼 밀고 들어오기 직전, 기원전 1세기 초반에 유다를 다스렸던 하스모내오 왕조의 얀네오스(요나탄)는 국내외적으로 많이 충돌한다. 특히 민란이 일어나 6년간 지속되었는데, 일단의 바리사이파 사람들이 셀레우코스 왕조의 군대를 이끌어들임으로써 갈등은 전쟁으로 번진다. 밀리던 얀네오스는 외국인 용병을 투입하여 승리한 다음 800명의 바리사이를 학살하여 심한 반감을 일으킨다. 그런 가운데서도 그는 주화를(처음으로?) 찍어내는 등 화폐 경제를 적극적으로 펼치고, 지중해변과 요르단 강 동편의 남북으로 영토를 확장하여 팔레스티나 지역의 대부분을 차지한다.

1. 프톨레마이오스 왕조의 클레오파트라 7세의 초상, 기원전 1세기, 알제리, 체르첼박물관
2. 이사야 두루마리(부분), 기원전 100년경, 쿰란 1동굴 출토, 이스라엘박물관
3. 카울루스 메텔루스 입상, 기원전 100년경, 피렌체 국립고고학박물관
4. 청동 표범, 기원전 2세기 말, 은과 석류석으로 치장, 두관 왕후의 묘 출토, 중국
5. 검은간토기, 기원전 1세기경, 경주 조양동 출토, 국립중앙박물관

기원전	이집트		유다	
100	89/8	프톨레마이오스 9세 (~81) 재집권.	90	바리사이파의 일부가 시리아의 데메트리오스 3세의 군대를 끌어들임.
	80	프톨레마이오스 11세 (알렉산드로스 2세, 80) – 마지막 정통 후계자. 프톨레마이오스 12세 (80/79~58)	88	얀네오스가 세력을 회복한 뒤 바리사이 800명을 처형. 지중해변과 요르단 강 동편의 자유도시들 점령하여 처음보다 영토가 4배로 늘어남.
			76	얀네오스의 부인 알렉산드라 살로메가 왕위 이어받음(~67) – 바리사이파와 화해하고 지지 얻음. 대사제는 히르카노스 2세(76~67, 63~40)
	58	베레니케 4세(~56)	67	히르카노스 2세 즉위. 아리스토불로스 2세가 형을 쫓아내고 임금이 됨(~63).
	56	베레니케 4세와 아르케라오스(~55)	63	로마의 폼페이우스(106~48), 팔레스티나 정복한 뒤 시리아 속주에 병합. 하스모내오 왕조 끝남. 유다, 베로이아, 갈릴래아는 대사제로 복권된 히르카노스 2세에게 통치 위임(~43). 사마리아와 독립 도시는 시리아 속주에서 직할.
	55	프톨레마이오스 12세 재집권(~51)		
	51	프톨레마이오스 13세와 클레오파트라 7세 (~47)	57~55	아리스토불로스와 그의 아들 알렉산드로스, 유다에서 세 차례 반란 도모 – 로마 진압.
50			50 이후	구약성경 중 마지막으로 **지혜서** 저술 추정.

하스모내오 왕조 시대의 영토가 유례없이 넓어졌지만, 헬레니즘과 유다교를 조화 또는 절충하려는 그들의 정책을 둘러싼 유다 내부의 동요는 멈추지 않는다. 얀네오스의 뒤를 이은 미망인 살로메 알렉산드라는 바리사이파와 화해하고 국제적으로 중립을 지키려고 애쓴다. 그러나 자기들을 박해하던 사두가이파를 밀어내려는 바리사이파와, 이들의 위협을 느낀 사두가이파는 대사제 히르카노스와 그의 동생 아리스토불로스와 각각 연합하여 계속 다툰다.

알렉산드라가 죽자(기원전 76) 두 형제의 싸움은 본격화된다. 히르카노스 2세가 왕위를 이었으나 곧 동생에게 밀려난다. 그러자 히르카노스는 안티파테르(헤로데 대왕의 아버지)의 주선으로 나바테아 임금과 연합하여 동생을 공격한다. 그런 와중에 로마의 폼페이우스가 시리아를 점령하자, 이 두 세력과 백성은 제각기 폼페이우스를 찾아가 지지를 호소한다(기원전 64/3). 결정이 보류된 상태에서 아리스토불로스가 군사행동을 개시하자, 폼페이우스는 예루살렘으로 쳐들어와 아리스토불로스를 체포하고 지성소까지 들어간다. 기원전 63년에 유다는 로마의 시리아 속주에 편입되어 독립을 잃는다. 히르카노스는 다시 대사제가 되어 잠정적으로 유다와 갈릴래아를 다스린다. 한편 폼페이우스는 한 떼의 유다인들을 로마로 끌고 갔는데, 나중에 그들을 중심으로 로마의 유다인 공동체가 세워진다.

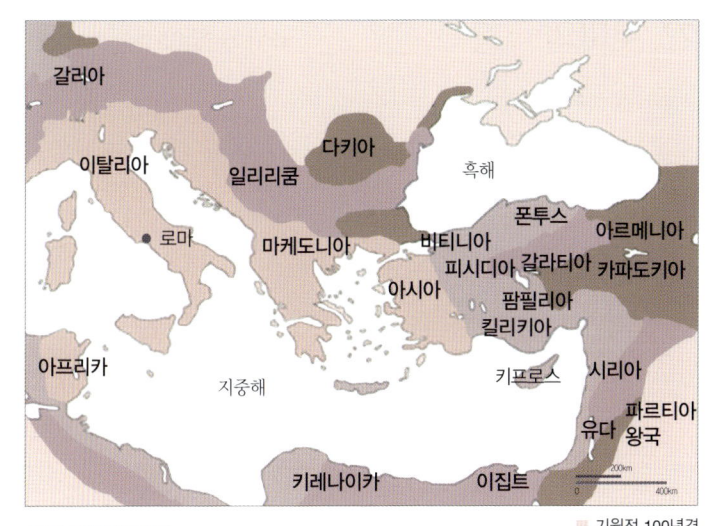

로마 제국의 확장

- 기원전 100년경
- 기원전 44년경
- 서기 14년경
- 서기 150년경

시리아·메소포타미아		로마		한국·중국	
95	셀레우코스 6세// 안티오코스 11세(~93)// 필리포스 1세(~84)// 데메트리오스 3세(~88)// 안티오코스 12세(~84)// 안티오코스 10세(~83)	91~89	이탈리아 동맹시 반란 발발, 진압 후 요구를 수용하여 각 시의 자유민에게 로마 시민권 부여.	100경	한반도 전역에 **철기 문화** 보급.
		89~85	소아시아 폰투스(미트라다테스 왕)의 1차 반란. 로마 진압.	97	중국: 사마천, 《사기》 완성.
		83~82	폰투스의 2차 반란, 로마 진압.		
		83	개선장군 술라의 종신 독재 집권(~79).	82	한사군 중 진번과 임둔 폐지.
83	아르메니아 왕 티그라네스가 시리아, 페니키아 통치(~69).	73~71	노예 스파르타쿠스의 반란, 진압 - 6천 명 십자가형.		
		73~63	폰투스의 3차 반란.		
69	로마가 티그라네스 꺾은 뒤 안티오쿠스 13세(~65) 왕 세움.	70	로마 시인 베르길리우스 출생(~19).	75	고구려에 밀려 현도군 이동.
		67~62	폼페이우스, 지중해 해적 토벌. 폰투스의 3차 반란 진압. 시리아(64), 유다(63), 킬리키아, 비티니아(62년) 점령.		
64	폼페이우스, 시리아 속주 설치. 로마 총독 스카우루스(~62)				
61	로마 총독 필리푸스(~60)	60	제1차 삼두정치(~53): 카이사르, 크라수스, 폼페이우스.	59	중국: 한, 서역에 도호를 설치.
60	로마 총독 마르첼리누스(~58)	58	카이사르, 갈리아 정복(~51). 로마, 키프로스 병합.		
57	로마 총독 가비니우스(~55)			57	**신라** 건국《삼국사기》
54	로마 총독 크라수스(~53)	53	크라수스, 파르티아와의 카르헤 전투에서 전사.	54	흉노, 남북으로 분열 - 한이 북흉노 멸망시킴.
53	로마 총독 롱지누스(~51)	52	폼페이우스, 단독 집정관으로 선임(~48 피살).		

28. 헤로데 대왕의 유다 통치
(기원전 50~1)

로마시대 전기
(기원전 37~서기 132)

화려한 성전이 우뚝 서지만! 지중해 세계 전반에 커다란 변화가 일어난다. 로마의 오랜 공화정이 폐지되고 정복전쟁을 통해 막강한 힘을 가진 장군을 중심으로 실질적인 제정帝政이 시작된다. 로마가 통합한 지중해 세계에 그리스와 이집트, 동방 문화가 한층 자유롭고 왕성하게 교류한다. 처음으로 로마의 종교·군사·정치의 최고권력자가 된 옥타비아누스(아우구스투스)는 파르티아 왕국과 맞서 동방에서 정복전쟁을 벌이기보다 제국의 질서를 튼튼히 세우려 한다. 이러한 로마의 의도에 재빨리 발맞추어 유다에서 새롭게 권력을 잡은 이가 이두매아인 안티파테르 2세와 그의 아들 헤로데 대왕이다.

기원전 40년에 로마로부터 유다와 사마리아의 임금으로 임명된 헤로데 대왕은, 파르티아의 도움을 받아 왕위에 오른 하스모내오 왕조의 마지막 임금 안티고노스와 3년 간(기원전 39~37) 치열하게 싸워 승리한다. 기원전 37년에서 4년까지 34년 동안 통치하는 가운데, 헤로데는 로마 집권층과 우호적인 관계를 유지하고 국내의 동요를 막는 데 심혈을 기울인다.

1. 클레오파트라와 안토니우스 모습이 새겨진 금화. 기원전 1세기 말, 대영박물관
2. 헤로데 대왕이 쌓은 남동쪽 성벽의 모서리. 기원전 1세기 말, 예루살렘
3. 실레누스, 폼페이 벽화, 기원전 50년경
4. 디오니소스 신의 여신도들?, 폼페이 비밀의 집 벽화, 기원전 50년경
5. 뚜껑 달린 방호, 전한 시대, 호남성 장사 출토, 중국

기원전	이집트		유다	
50				
	48	파르살로스 전투에서 폼페이우스 피살, 카이사르 이집트 상륙.	47	카이사르, 히르카노스를 '유다인 대사제 겸 지도자'로, 안티파테르 2세를 '행정장관'으로 임명. 안티파테르 2세(~43), 에제키아스의 반란을 진압. 파사엘과 헤로데를 지방장관으로 임명(~40).
	48	알렉산드리아 전쟁(~47)	40	하스모내오 왕조의 안티고노스, 파르티아 후원으로 임금과 대사제가 됨(~37). 로마, 헤로데를 유다의 임금으로 임명.
	47	프톨레마이오스 14세와 클레오파트라 7세(~44)	37	헤로데, 예루살렘 점령 즉위(~4). 대사제로 무명의 아나넬 임명, 안티고노스 처형.
	44	프톨레마이오스 15세 (카이사르 아들?)와 클레오파트라 7세(~30)	35	헤로데, 아리스토불로스 3세 등(29년: 부인 마리암네; 7년: 아들 알렉산드로스·아리스토불로스; 4년: 장남 안티파테르 3세) 처형.
			31	큰 지진으로 많은 지역이 폐허가 됨, 쿰란도 파괴되었다가 얼마 후에 재건.
			24~23	심한 흉년, 헤로데가 이집트에서 양식을 사와 빈민 구제.
	30	클레오파트라 7세 자살, 프톨레마이오스 왕조 멸망 – 로마 통치.	20	헤로데, 성전 개축에 착수(서기 63: 성전 전체 완성).
			7/6	**예수 탄생** 추정
1			4	헤로데 사망. 유다가 갈릴래아의 세포리스에서 봉기 – 로마 진압, 2000명 가량 십자가형에 처함. 왕국 분할: 헤로데 아르켈라오스, 유다의 분봉왕(~서기 6) 필리포스, 요르단강 동편의 북부지역의 영주(4분봉왕, ~서기 34) 헤로데 안티파스, 갈릴래아와 베로이아의 영주(4분봉왕, ~서기 39)

기원전 27년경부터 헤로데는 정력적으로 건설사업에 치중한다. 사마리아를 '세바스테'라는 그리스식 도시로 재건하고, 지중해변에는 카이사리아를 건설하여 아우구스투스에게 봉헌한다. 예루살렘에는 자신의 궁전을 대대적으로 짓고, 원형극장과 경기장 등 그리스 도시풍의 건물을 다수 신축한다. 특히 중요한 것은 기원전 20년에 시작한 제2성전의 개축공사이다. 헤로데는 유다인들의 마음을 사로잡으려 옛 성전의 두 배 이상의 규모(144,000㎡)로 화려하게 성전을 개축한다. 성전 본관을 짓는 데 1년 반이 걸렸으나, 성전 전체가 완성된 때는 서기 63년이다.

헤로데 대왕은 유능하나 잔혹한 전제통치자로 기록된다. 그는 로마의 집권세력에게는 철저하게 충성하나, 자신의 권력에 도전하는 국내 세력은 무자비하게 처형한다. 가족도 제외시키지 않는다. 또 건축과 교육 등 생활 양식은 전반적으로 그리스식을 따르나, 정책을 시행할 때는 유다인들의 종교와 민족감정을 세심하게 고려하였다. 그가 각종 건설사업으로 실업자를 구제하고 그리스식 도시들을 통한 활발한 교역으로 경제생활을 향상시켰지만, 유다인들은 과중한 조세와 지출로 그의 통치 자체를 좋게 보지 않았다. 그가 죽자 연이어 봉기가 터졌으며, 갈릴래아와 페레아에서만 유다인 2000명 이상이 십자가에 못박혔다.

헤로데 왕국의 영역

시리아 (로마 총독)		로마		한국·중국	
51	비불로스(~50)	49	카이사르, 루비콘 강을 건너 로마 장악.		
49	나시카(~48)	46	카이사르의 독재 통치(~44년 피살).	48	중국: 원제 즉위 후 한 쇠퇴,
47	카이사르(~46)	43	제2차 삼두정치(~36): 옥타비아누스, 레피두스, 안토니우스.		빈부 격차, 인구는 6천만 명 추정
46	바수스(~44) / 베투스(45)	42	동방 사령관 브루투스와 카시우스(44~42), 옥타비아누스와		(반고의 《한서》).
44	무르쿠스, 롱지누스(~42)		안토니우스에게 패배(필리피 전투).		
41	삭사(~40)	41	안토니우스, 동방 사령관으로 임명받은 후 이집트로 감.	37	**고구려** 건국(《삼국사기》).
39	벤티디우스 바수스(~38)	40	파르티아 왕국, 시리아와 팔레스티나 공격(~39).		
38	소시우스(~37)	39	로마의 시리아 총독 바수스, 파르티아에 승리(~38).		
34/3	비불루스(~33/2)	31	옥타비아누스, 악티움 해전에서 승리.		
27	툴리우스 키케로(~27/25)	30	옥타비아누스, 이집트 정복 - 안토니우스 자살.	19	고구려 2대 왕 유리왕 즉위.
23	빕사니우스 아그리빠(~13)	27	옥타비아누스, **아우구스투스**와 프린켑스 칭호 받음(~서기 14).	18	**백제** 건국(《삼국사기》).
			- 이후 200여 년을 로마의 평화(Pax Romana) 시기라 부름.		
10/9	센티우스 사투르니누스	23	마르쿠스 아그리파스, 동방 사령관이 됨(23~20, 18~13).		
	(~7/6?)	20	파르티아인들과 협정 맺고 군기와 포로 돌려받음.	5	백제, 하남 위례성으로 천도.
7/6	퀸틸리우스 바루스(~4)	19	베르길리우스, 로마 기원을 다룬 〈아에네아스〉 집필.	3	고구려, 졸본성에서 국내성으로
4?	칼푸르니우스 피소(~1)?	12	아우구스투스, 로마의 대신관大神官이 됨.		천도.

III편 예수 그리스도와 교회를 통한 하느님 말씀의 계시

1. 예수의 복음 선포와 그리스도교의 형성(서기 1~400)

신약성경의 형성과 경전화 시기

◀ 예수 그리스도가 주로 복음을 선포한 갈릴래아 호숫가

29. 그리스도 예수의 삶과 죽음, 부활 (서기 1~30)

로마시대 전기
(기원전 37~서기 132)

때가 차 강생하신 하느님의 말씀! 아우구스투스의 뒤를 이은 티베리우스 황제는 동유럽 일부만 더 점령했을 뿐 전반적으로 제국의 새 틀을 짜는 데 진력한다. 로마의 동부 변방에 위치한 팔레스티나는 로마 총독(실제 관직은 '지방장관')과 영주(사분봉왕四分封王)로 임명된 헤로데 대왕의 두 아들에 의해 분할 통치된다. 유다 일대를 다스린 로마 총독들은 유다인들의 독특한 종교문화를 충분히 고려하지 않아 유다인들과 자주 충돌한다.

유다인들의 구심점은 여전히 예루살렘 성전이다. 성전은 전 세계의 유다인들이 순례 와서 야훼 하느님을 예배하는 유일한 성소로서 그들 삶의 중심축으로 작용한다. 그런 만큼 성전을 관장하는 대사제는 최고의회(산헤드린)를 관할하며 상당한 권한을 행사한다. 그 틀 속에서 사두가이파와 바리사이파 등 여러 운동들은 조금씩 다른 신앙관과 이해관계를 가지고 협력하거나 갈등한다. 소작인 같은 일반 백성은 로마와 영주, 성전에 내야 하는 과중한 각종 세금에 시달릴 뿐 아니라 가뭄과 질병 등으로 한층 힘들게 살아간다. 그래서 구원자(메시아)에 대한 기대도 서로 달랐다.

1. 퀴리니우스 총독 인구조사 기념비문, 서기 6/7, 청동, 시리아 아파메아 출토, 로마문명사박물관
2. 빌라도 총독 비문, 서기 26~36, 카이사리아 극장에서 출토, 이스라엘박물관
3. 티베리우스 황제의 초상이 새겨진 데나리온 은화, 서기 1세기, 파리 성서박물관
4. 비단 그림, 서한시대, 호남성 장사 마왕퇴 1호분 출토, 중국
5. 낙랑의 박산 청동향로, 서기 1~3세기, 평양 출토, 국립중앙박물관

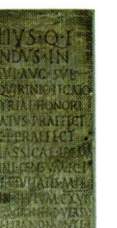    

서기		유다
1	6	아르켈라오스 폐위. 사마리아·유다·이두매아는 황제 직속의 총독이 관할하게 됨(~41).
		초대 유다 총독 코포니우스(6-9)가 인구조사 수행 – 갈릴래아 사람 유다가 일으킨 봉기(사도 5,37) 진압.
		임기 중에 사마리아인들이 성전에 사람뼈를 뿌려 다툼 생김.
		시리아 총독 퀴리니우스에 의해 대사제로 임명된 한나스(6~15)가 최고의회를 재조직.
	9	유다 총독 마르쿠스 암비비우스(~12?)
	12	유다 총독 안니우스 루푸스(~15?)
	15	유다 총독 발레리우스 그라투스(~26). 대사제로 이스마엘 임명.
	16	총독 그라투스, 대사제로 한나스의 아들인 엘아자르(~17) 임명.
	17	총독 그라투스, 대사제로 시몬(~18) 임명.
	18	총독 그라투스, 한나스의 사위인 카야파(~36)를 대사제로 임명.
	20	헤로데 안티파스, 왕국 수도를 세포리스(8/10년 재건)에서 티베리아스(18-20년 건설)로 옮김.
	26	유다 총독 본시오 빌라도(폰티우스 필라투스, ~36) 부임.
	28경	세례자 요한 활약(루카 3,1).
	28/29경	예수께서 세례받으신 후 복음 선포 시작. 헤로데 안티파스, 마케루스 요새에서 세례자 요한 처형(29년경).
30	30/31경	**예수, 십자가에서 처형되심.**

당시 유다인들에게 예언자로 존경을 받으며 유다교 쇄신운동을 펴던 세례자 요한에 이어, 갈릴래아의 나자렛 출신 예수께서 나타나 새로운 비전을 펼쳐 보이신다. 하느님 나라가 다가왔다는 그분의 복음 선포, 갖가지 치유기적과 자연이적을 통해 하느님 나라의 현존과 하느님의 자비를 드러낸 그분의 놀라운 권능, 유다인들의 생활 규범인 율법에 대한 새롭고 권위 있는 해석과 죄인들과 함께 식사를 하는 그분의 자유로운 처신 등은 숱한 관심과 논란을 불러 일으킨다. 그분은 유다인들이 전통적으로 유일한 하느님으로 섬겨 온 야훼를 '아빠, 아버지'라 부르며, 하느님의 뜻을 이루기 위해 일한다고 밝히신다.

일부 유다인들은 그분을 오시기로 된 예언자, 지혜교사나 현자, 기적행위자로 여기며 따르고, 베드로를 비롯한 한 무리의 남녀는 그분을 유다 민족이 기다려 온 메시아로 믿으며 좇는다. 하지만 그분의 새로운 가르침과 행적이 유다의 안정과 기틀을 해칠 것으로 판단한 유다의 지도자들은 로마 총독과 결탁하여 그분을 십자가형에 처한다. 허나 그분은 사흘만에 부활하여 많은 제자에게 여러 번 발현한 것으로 증언되고 있다. 이로써 새로운 시대가 활짝 열린다.

예수께서 활동하신 팔레스티나

시리아(로마 총독 관할)		로마		한국 · 중국	
기원전 1	율리우스 카이사르 (~서기 4)?		로마 황제 아우구스투스 재위 기간		
서기 4	볼루시우스 사투르니누스(~5)	5?	티베리우스 장군, 엘베 강까지 진주.	6	중국: 왕망, 한의 왕위 찬탈.
6	퀴리니우스(~7?/~11) 호구조사 실시(루카 2,1-2)			8	중국: 왕망, 신新을 건국.
				9	백제, 한의 목지국을 병합.
12	실리누스(~17)			12	고구려, 현도군의 일부를 점령.
17	피소(~19)	14	로마 황제 티베리우스 즉위(~37).	13	부여, 고구려 공격 실패.
19	사투르니누스(~21)	17	소아시아에 큰 지진.	14	왜구, 신라를 공격.
				15	중국: 대규모 농민봉기 발생.
		23	아시아주에서 아우구스투스와 티베리우스를 신으로 모심(로마에 대한 충성의 표시).	22	고구려, 부여 공격.
				23	중국: 한 갱신 선언, 신국 멸망.
				25	중국: 광무제(~57), 후한(동한) 시작.
				27	중국: 한의 왕충(~97?), 《논형》 저술.

AD 1~30

30. 사도들의 복음 선포
(서기 30~50)

로마시대 전기
(기원전 37~서기 132)

예수 부활의 복음은 계속 퍼져나가고! 제정 로마는 칼리굴라 황제(37~41) 때 일시 비틀거린다. 티베리우스 황제와 달리 그리스 문화를 열렬히 신봉하는 칼리굴라는 자신을 신격화하여 숭배하도록 요구한다. 무능하고 변덕스러운 칼리굴라가 암살된 뒤 새롭게 제위에 오른 클라우디우스(41~54) 황제는 모든 부문을 개혁하며 다시금 로마의 틀을 다진다.

한편 팔레스티나에서는 유다의 종교 관습을 충분히 존중하지 않는 로마 총독들의 여러 조치 때문에 유다인들의 민족감정이 점차 격앙되고 있었다. 그런 가운데 칼리굴라 황제는 37년에 자기의 친구요 헤로데 대왕의 손자인 아그리파스 1세를 필리포스 영토의 분봉왕으로 임명한다. 아그리파스 1세는 계속 새로운 영토를 부여받아 41년부터 44년까지 헤로데 대왕처럼 팔레스티나 전역을 다스리게 된다. 그는 그리스 문화를 극히 선호하였지만, 유다에서는 하스모내오 왕조의 정통 후계자로 간주되고 유다 지도자들과 우호적인 관계를 형성하게끔 유다교를 지지한다. 그가 예수 그리스도의 제자인 제베대오의 아들 야고보 사도를 처형한 것도 이런 정치적 배경에서 나온 것으로 여겨진다(사도 12,1).

1. 예루살렘 성전 뜰에 세워졌던 '이방인 출입금지 비문', 서기 1세기 초, 예루살렘 록펠러박물관
2. 아그리파스 1세가 주조한 동전(뒷면), 주조년도 41/42, 풍요를 상징하는 보리이삭 세 개, 이스라엘박물관
3. 꽃을 꺾는 소녀, 기원전 15~서기 60년경, 폼페이 양식, 나폴리 국립박물관
4. 나바테아 왕국의 4 드라크마 동전, 아레타스 4세(기원전 9~서기 40년) 초상이 새겨 있음
5. 붉은간토기 항아리, 일본 야요이 시대 중기(기원전 3세기~서기 3세기), 후쿠오카박물관

서기		팔레스티나 · 그리스도교
30	34	영주였던 헤로데의 아들 필리포스가 죽은 뒤 그의 영토는 시리아 속주로 합병됨.
	36	나바테아 왕국의 아레타스 4세가 헤로데 안티파스를 공격, 격파. 유다 총독 빌라도 파면, 마르젤루스(~37)가 총독 대리인으로 부임.
		스테파노 순교? **바오로** 회심(30/33/34년설). 비텔리우스 시리아 총독, 한나스의 아들인 요나탄을 대사제로 임명.
	37	테오필루스가 대사제로 임명됨(~41). 칼리굴라 황제, 아그리파스 1세에게 필리포스의 옛 영토를 다스리는 권한 부여.
		유다 총독 마룰루스(37~41) 임명.
	39	바오로, 다마스쿠스 탈출?(갈라 1,17). 헤로데 안티파스 추방됨(갈리아 남부 지역으로).
	40	아그리파스 1세가 안티파스의 영지까지 이어받음. 힐렐의 손자 가말리엘, 유다의 최고의회 의장으로 활약(사도 22,3).
	41	**아그리파스 1세**, 유다 왕국 통치(~44), 대사제로 시몬을 임명. 형 헤로데 2세가 시리아 북부의 칼키스 통치(~48).
	42경	제베대오의 아들 야고보 사도 순교, 베드로 투옥됨(사도 12,1-3).
	44	아그리파스 1세가 죽은 뒤 갈릴래아를 포함한 이스라엘 전역은 로마 직속령이 됨(~66).
		유다 총독 쿠스비우스 파두스(~48) 부임. 대사제 임명권은 칼키스의 헤로데 2세가 행사.
	45경	테우다스(사도 5,36) 등이 봉기를 일으킴.
	46/47경	바오로의 1차 선교여행(~48). 티베리우스 알렉산드로스 총독(~48)의 임기 중에 심한 기근과 반란(갈릴래아 사람 유다의 아들 봉기) 발생.
	48	유다 총독 벤티디우스 쿠마누스(~52). 아그리파스 2세(~52)가 칼키스 통치, 대사제 임명권 가짐.
	49/50	**예루살렘 사도회의**
50	50	바오로의 2차 선교여행(~52) - 코린토 선교(50-51 가을/52 봄)

일찍이 나자렛 예수께서 처형되신 뒤 좌절했던 그분의 제자들은 성령을 받은 뒤 그분이 부활하여 함께 계신다고 증언하며 세상에 나온다. 그들은 그분이 세상을 구원하려고 죽으셨다고 밝히고 그분을 주님으로 고백하는 새로운 공동체를 형성한다. 예수를 그리스도요 하느님의 아들로 선포하는 그들의 복음이 유다인들 사이에 점차 퍼져가자, 유다교와 미묘한 갈등과 충돌이 생긴다. 파르티아의 공격에 대비하여 유다인들을 다독거려야 할 처지여서 시리아 총독 비텔리우스가 대사제에게 일시적으로 전권을 주자, 유다인들은 스테파노를 죽이는 등 그리스도교 공동체를 박해한다. 그러나 이로 인해 그리스도교 공동체는 팔레스티나를 넘어 주변 지역으로 확산되고, 시리아의 안티오키아에서 "그리스도인"이란 이름을 얻는다(사도 11,26).

신생 그리스도교는 이미 로마 제국 곳곳에 형성되어 있었던 해외 유다인 거주지를 중심으로, 유다인과 유다교에 호의적인 외국인들('하느님을 경외하는 이들')에게 예수에 관한 복음을 선포한다. 이런 상황에서 해외 유다인 출신 바리사이인 바오로는 그리스도교를 박해하다가 다마스쿠스로 가는 길에서 부활하신 예수를 만나 극적으로 돌아선다. 그는 시리아의 안티오키아를 중심으로 소아시아에서부터 복음을 열렬히 전파하기 시작한다.

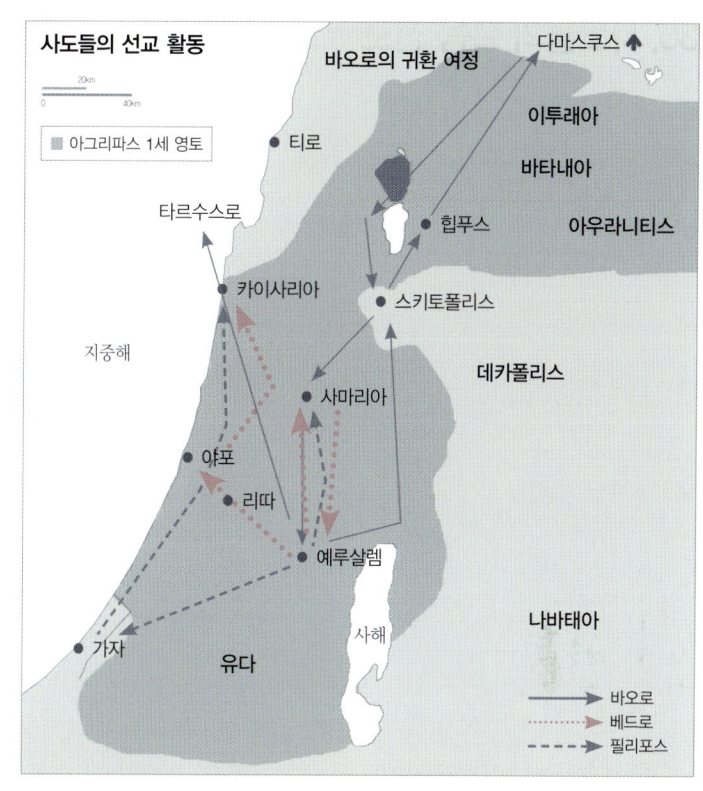

시리아 (로마 총독)		로마		한국 · 중국	
32 이전	라미아	**티베리우스** 황제 재위 기간(14~37)			
32	플라쿠스(~35)				
35	비텔리우스(~39?)	35	파르티아 왕국과 전쟁(~36)		
		37	**카이우스**(칼리굴라) 황제(~41), 그리스 문화 선호. 자신에 대한 신격화 강요, 암살.	37	중국: 후한 광무제, 중국 통일.
39?	페트로니우스 (~41/2)	38~41	이집트의 알렉산드리아 등지에서 유다인과 일반시민 유혈 충돌.		
		41	**클라우디우스** 황제(~54), 제국의 질서와 안정 회복. 유다인의 자치 권리를 인정하되 다른 민족과 균형을 맞춤. 자신에 대한 신격화 거부.	42	금관가야 등 여섯 가야 공동체 등장. (562년에 마지막으로 대가야가 신라에 병합되면서 끝남)
41/2	마르수스(~44/5)				
		46?	역사가 플루타르쿠스 출생(~120).		
44/5	롱지누스(~50)				
		49	그리스도 논쟁으로 유다인들과 충돌을 빚자, 로마의 유다인(그리스도인)을 추방(사도 18,2).	49	부여가 후한과 외교관계 맺음. 고구려, 후한 공격.

31. 이방인 선교와 1차 유다 독립항쟁
(서기 50~70)

로마시대 전기
(기원전 37~서기 132)

만민에게 열린 복음! 클라우디우스 로마 황제가 통치한 13년 동안 제국 전체에는 비교적 질서와 안정이 유지된다. 그러다 1세기 중엽부터 팔레스티나에는 심한 불안이 감돌게 된다. 조세 부담이 높은 데다가 심한 가뭄과 기근까지 겹쳐 일반 백성의 삶이 더욱 고달파진다. 갈릴래아인의 피살 사건을 계기로 촉발된 유다인과 사마리아인들의 전투(52년), 이집트계의 한 유다인 민중지도자가 이끈 폭동(55년)이 계속 터진다. 사회의 동요는 심해지는데 지도자나 지도층은 이를 제어하거나 조정하지 못한다. 이런 틈을 타 로마에 협력하는 상류층을 단도로 공격하는 암살단(시카리)의 활동이 활발해진다.

게다가 그리스 문화를 몹시 선호하는 17세의 네로 황제가 즉위하여 그리스-로마화 정책을 추진하고 아첨꾼들에게 둘러싸여 정치를 그르치자, 제국의 상황은 한층 악화된다. 유다의 경우, 페스도 총독의 후임인 알비누스가 상납을 위해 유다인을 착취하자 저항의 강도는 더욱 높아진다. 유다 총독인 플로루스가 유다인을 더욱더 억압하는 데다. 66년 봄에 성전금고에서 거액을 꺼내 갔다. 그러자 누적된 불만과 갈등이 터져 나오면서 사태는 예상치

1. 두루마리와 펜을 들고 있는 로마인 부부. 서기 1세기 중반, 폼페이 벽화, 나폴리 고고학박물관
2. 세켈 은화, 1차 유다 독립항쟁 제2년에 주조, 석류와 '거룩한 예루살렘' 명문, 이스라엘박물관
3. 로마로 가져간 성전 기물, 서기 80년대, 티투스 황제 개선문 부조, 로마 소재
4. 말과 호랑이 형태의 청동 띠고리장식, 초기 철기시대, 경북 영천 출토, 경주박물관

서기		팔레스티나·그리스도교
50		
	51	바오로, **테살로니카 일서**(51), **이서**(51/90년대) 집필.
	52	유다와 사마리아인 분쟁. 안토니우스 펠릭스 총독(~60)으로 교체.
	53	아그리파스 2세가 북부 요르단의 영토 받아 통치(~92).
	54	바오로의 3차 선교여행(~58). **갈라티아서**(54~57) 집필. 암살단의 테러활동(54~66) 활발.
	55경	이집트계 유다인이 폭동을 일으켰다 추방.
	57	바오로, **코린토 일·이서** 집필.
	58경	바오로, **로마서** 집필. 예루살렘에서 체포됨(사도 22-26장).
	60경	바오로의 로마행. 보르기우스 페스투스(60~62) 총독(사도 25,11).
	62	아그리파스 2세가 대사제로 임명한 한나스 2세, 주님의 형제 야고보를 죽여 해직. 루세이우스 알비누스 총독(~64), 유다인 착취.
	64	게시우스 플로루스(64~66), 마지막 총독으로 부임하여 유다인 억압.
	66	1차 유다 독립항쟁(~70) 발발, 시리아 총독 체스티우스의 로마군 패배. 대사제 아나니아스 피살(암살단에게).
	67	로마의 베스파시아누스 장군, 갈릴래아 점령(여름). 갈릴래아 항쟁 지도자 요세푸스(37/8-100 이후), 로마군에게 투항.
	68	로마군, 베레아와 유다 점령(이른 여름), 쿰란 파괴. 네로 황제 암살로 전투 중지. 마지막 대사제로 파니아스를 열혈당에서 선출함.
	69	로마군, 예루살렘 포위.
	70	로마의 티투스 장군, 예루살렘 점령 파괴(전사 11만, 포로 9만8천 명) - 유다는 로마의 속주가 되고 모든 특권 박탈당함.
70		**70년경 마르코 복음서** 저술 추정.

않게 확대되었다. 유다의 사제들은 황제를 위한 제물 봉헌(에즈 6,10 참조)을 중지하고 본격적인 봉기에 들어간다. 그러나 별다른 준비도 없는 데다 항쟁군 내부의 다툼이 심해, 곧 대부분의 지역이 로마군에게 진압되고 예루살렘만 남는다. 로마군은 네로의 갑작스런 자살로 새 황제를 뽑느라 2년 동안 예루살렘만 포위한 채 있다가, 마침내 70년 8월 10일 예루살렘을 함락하고 8월 29일에 성전을 불태운다.

유다의 혼란 속에서 예루살렘의 그리스도교 공동체는 점차 위축된다. 전승에 따르면, 유다의 그리스도인들은 항쟁에 참여하라는 유다 민족주의자들의 요구에 맞서 요르단 강 동편의 펠라로 옮겨 갔다고 한다. 하지만 이미 그 전에 예루살렘 사도회의를 통해 열린 교회로 새로운 비전을 갖게 된 그리스도교는 다른 민족에게로 더욱 널리 뻗어간다. 해외 선교의 일선에 선 바오로는 소아시아와 그리스의 대도시를 중심으로 핵심 그리스도교 공동체를 구성한 뒤, 계속적인 방문과 사목편지를 통해 그들을 보존하고 성장시킨다. 51년경에 쓰인 테살로니카 일서를 비롯하여 지역 교회공동체에 계속 보내진 그의 편지는 해당 교회를 넘어 대다수 지역교회에 회람되고 정기적으로 봉독되면서 그리스도인들에게 가르침과 힘을 준다. 사도들의 이런 편지들이 점차 모여서 신약성경의 후반부 서간편을 구성하게 된다.

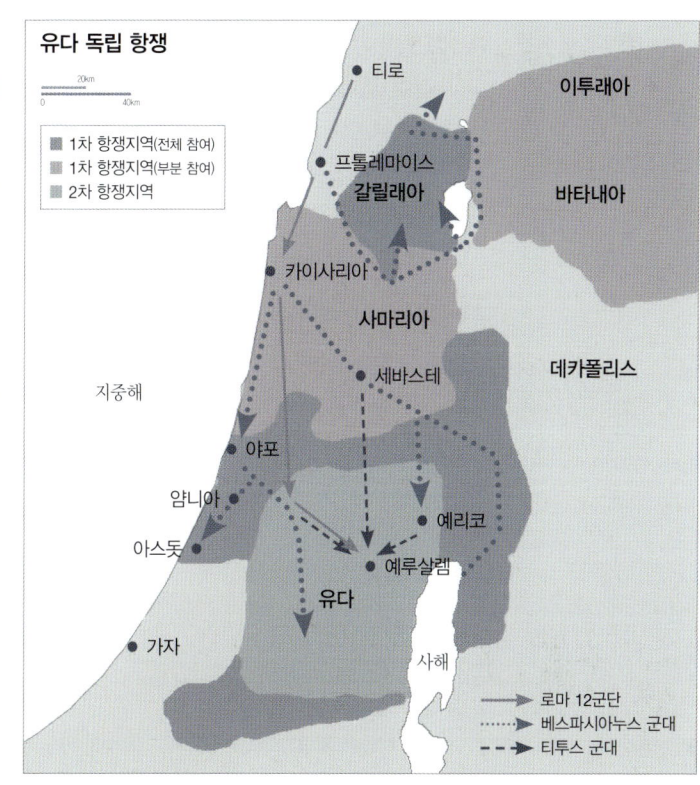

유다 독립 항쟁

시리아 (로마 총독)		로마		한국·중국	
50	과드라투스(~60)	51~52	갈리오가 아카이아주(州)(수도: 코린토)의 총독으로 재임.	53	고구려, 태조왕 즉위(~46)
		53	파르티아 왕국, 아르메니아 지역을 다시 점령.		- 영토 확장, 나라의 기틀 잡음.
		54	클라우디우스 피살, **네로** 황제(~68), 강력한 그리스화 정책 추진. 그리스도인들 동방으로 이주. 화폐 평가절하로 인플레이션.		
		55	로마에 네로의 동상을 세움 - 황제 숭배의식 시작. 로마 역사가 타키투스 출생(~117?).	56	고구려, 동옥저 통합.
60	코르불로(~63)	60	로마의 코르불로, 아르메니아 지역을 다시 점령.		
63?	갈루스(~66)				
		64	로마에 대화재 발생, 네로가 이를 빌미로 로마의 그리스도교 박해.	65	신라, 국호 변경(계림).
		67	계속되는 그리스도교 박해 중에 베드로, 바오로 순교 추정.		
67	무치아우스(~69)	68	네로 폐위, 자살 - 율리우스 클라우디우스 왕조 종식.	67	**달마**, 인도에서 중국으로 와 경전 번역 - 불교 전래.
69	시리아, 황제의 속주가 됨.		갈바 황제(68,6~69,1), 오토 황제(69,1~4), 비텔리우스 황제(69,4~11).		
70	티투스/ 체레알리스	69	베스파시아누스(~79) 즉위, 플라비우스 왕조 시작(~96).		

32. 유다의 파괴와 그리스도교의 성장
(서기 70~132)

로마시대 전기
(기원전 37~서기 132)

구전 복음에서 기록된 복음서로! 1세기 전후의 로마 제국은 비교적 평화 속에 번영을 누린다. 도미티아누스 황제를 제외한 황제들은 대부분 장군 출신으로 제국의 질서를 바로 잡고 제국민들의 삶의 질을 개선하느라 노력한다. 제국 곳곳마다 로마식 도시가 건설되고 육로와 해로를 통한 물산과 문화의 교류가 더욱 빈번해진다.

예루살렘 성전 파괴는 그리스도교의 한 분기점이 된다. 이 사건을 예수께서 하신 예언의 성취로 본 그리스도교는 유다교로부터 점차 갈라져 로마 제국 전역으로 퍼진다. 그 과정에서 유다교의 한 분파로 오해되면서 겪게 된 어려움과 혼란을 딛고, 자기 정체성을 분명하게 확립할 필요성이 한층 높아진다. 이러한 성장의 고통 속에서 신앙의 기초요 중심인 예수 그리스도의 삶과 가르침을 담은 마르코 복음서를 시초로 하여 여러 복음서가 각지의 신앙 공동체에서 등장한다. 활발한 선교, 가르침을 그대로 따르는 사랑의 삶, 일체의 우상 숭배를 거부하는 확고한 자기 정체성은 그리스도교 성장의 바탕이 된다. 반면에 지역 관리들이 로마 및 황제를 숭배하지 않는 그리스도인들을 박해하고 일반 시민들이 질시하는 것도 그리스도교를 견고케 하는 도전이 된다.

1. 유다인 묘비에 새겨진 4가지 상징물, 로마시대, 로마 출토.
2. 바르 코크바의 4드라크마 은화, 133년, 석류와 명문 '제3년' '예루살렘의 자유', 이스라엘박물관
3. 안티노우스의 두상, 117~138년, 로마 국립박물관
4. 청동 말, 2세기경, 후한시대, 중국

서기		팔레스티나·그리스도교
70	74	마사다 요새 함락, 마케루스·헤로디움 요새가 정복되며 1차 독립항쟁 끝남.
	75~80	요세푸스, 《유다 전쟁기》 집필. 80년경 힐렐의 후손 라삐 가말리엘 2세가 유다 지도자로 나섬.
	70~80년대	**마태오 복음서 · 루카 복음서 · 사도행전 · 야고보서**(또는 62) · **콜로새서**(또는 61~63), **베드로 일서**(또는 64년) 저술 추정.
	70~90년대	**히브리서**(또는 60년대) 저술 추정.
	70~140	히에라폴리스의 파피아스, 《주님 말씀 강해》 씀.
	90경	얌니아(야브네)에서 라삐들이 성문서를 확정하며 히브리 성서의 경전을 결정하였다고 전함.
	90년대	**요한 복음서 · 요한 일서 · 이서 · 삼서 · 요한 묵시록 · 에페소서**(또는 61~63) 저술 추정.
	95~100	**티토서 · 티모테오 일서와 이서** 저술 추정(또는 65~67).
	90~110	시리아 교회에서 《디다케》 저술 추정.
	100~150	**베드로 이서** 저술 추정.
	2세기 초반	《헤르마스의 목자》에 신약성경이 단편적으로 소개됨.
	115~117	키레네(115), 이집트와 키프로스(116)에서 유다인들이 항쟁 벌임
	125~150	외경 《베드로 묵시록》 저술 추정. '파피루스 52'(현존하는 가장 오래된 요한 복음서 사본) 작성.
	130경	《바르나바의 편지》 저술됨. 그리짐 산에 제우스 히포시스토스 신전 건축.
132	132	2차 유다 독립항쟁(~135) 시므온 바르 코시바(바르 코크바) 주도, 실패. 유다인 85만 사망 추정, 예루살렘에 유다인 거주 금지 조치 내림.

1차 항쟁의 실패와 성전의 소실은 유다 사회에 엄청난 변화를 몰고 온다. 팔레스티나는 로마가 직할하는 독립속주로 되고, 1개 군단이 예루살렘에 주둔한다. 성전이 사라지면서 유배기 이후 유다를 이끌었던 대사제들과 사두가이파, 에세네파와 열혈당 등이 사라진다. 다만 요하난 벤 자카이 등 일부 바리사이파와 율법학자들이 로마에 투항하여 얌니아에서 유다 사회의 새 기틀을 닦는다. 이들은 제사의 봉헌 대신 율법의 해석과 연구, 율법 준수에 초점을 둔 신앙생활을 강조한다. 바리사이란 명칭 대신 '라삐'(나의 선생)란 이름의 새로운 지도층이 점차 권위를 가지면서, 다양한 운동으로 이루어졌던 유다교는 '라삐 유다교'라는 단일한 성격으로 굳어진다.

하지만 팔레스티나에 남은 유다인들의 삶은 계속 악화된다. 1차 독립항쟁의 실패로 대부분의 토지를 빼앗겨 피폐하게 살던 유다인들은 132년에 할례 금지법과 성전터에 건설되는 유피테르(Jupiter) 신전 건설에 반대하여 다시금 독립항쟁을 일으킨다. 바르 코시바(별명이 '별의 아들'이란 뜻의 바르 코크바)와 라삐 아키바의 주도 아래 벌어진 이 2차 독립항쟁이 실패한 이후, 유다인들은 로마의 명령에 따라 팔레스티나를 떠난다.

서기 117년경의 로마 세계

로마		한국·중국	
79	티투스 황제(~81) 즉위. 베스비우스 화산이 폭발하여 폼페이와 헤르쿨레움 도시 파괴.	74	중국: 후한의 반초, 서역 정복. 그 뒤 비단 수출이 활발해짐.
80	로마에 화재 발생. 로마에 원형극장(콜로세움) 완성.		
81	**도미티아누스** 황제(~96), 로마화와 황제 권력 강조. 원형 경기장 완성, 동방 종교 반대, 암살.	88	후한의 화제 – 외척 득세.
95	철학자들 로마에서 추방, 그리스도인 박해(~96), 요한이 귀양감 – 요한 묵시록 저술?	91	후한, 북흉노 재차 멸망시킴.
95/96	《클레멘스의 첫째 편지》가 로마에서 작성됨.	97	후한의 감영, 대진국(로마)에 사절로 파견됨.
96	네르바 황제(~98) 즉위로 안토니우스 왕조(~192) 및 **다섯 현제**賢帝 시대(~180) 시작.		
98	트라야누스 황제(~117), 제국을 다시 번영시킴.		
101	트라야누스, 다뉴브 강가의 다키아족 정벌 개시, 정복(106).	105	신라와 백제 화친. 후한의 채륜, 종이(채후지) 발명.
110/117	안티오키아의 주교 이그나티우스의 순교, 《이그나티우스의 편지》 7통과 《폴리카르푸스의 편지》 2통이 전함.	106	고구려의 공격으로 현도군, 요동으로 이동.
112	비티니아에서 로마신 숭배를 거부한 그리스도인들이 고발되자, 총독인 소小플리니우스가 황제에게 문의.		
114	로마, 아르메니아와 메소포타미아를 병합.		
117	**하드리아누스** 황제(~138), 아시리아를 속주로 하여 로마 제국의 최대 영토 이룸, 판테온 건조(120년경).	107	후한, 농민봉기 빈발.
125	황제 칙서 통해 '형사재판'으로 그리스도인 박해.		
132	하드리아누스 황제, 예루살렘에서 유다인 추방.		

33. 복음과 정경에 대한 도전과 응답
(서기 132~200)

로마시대 후기
(서기 132~324)

1. 아르테미온루스의 초상, 2세기, 이집트 파이윰 출토, 대영박물관
2. 요한 복음서의 파피루스 단편, 125~150년경, 현존하는 최고 사본, 이집트 출토, 대영박물관
3. 그리스도교 지하 묘지인 칼리스도 카타콤 내부, 2세기 말, 로마 소재
4. 헬레니즘 영향을 보여 주는 고행하는 석가상, 2~3세기, 편암, 파키스탄, 라호르박물관
5. 유약을 바른 개 형태의 자기, 후한시대, 호남성 장사 출토, 샌프란시스코, 아시아예술문화센터

무엇이 정경인가? 다섯 현제가 다스리는 로마 제국은 영토도 가장 넓었지만, 제국의 단일성을 해치지 않는 한 다양성을 허용하는 관대함도 보인다. 스토아 철학 같은 그리스 철학사조와 키벨레 지모신地母神 신앙과 미트라교 등 각종 동방종교가 제국 내에서 득세한다. 그 가운데 그리스도교는 정규적인 모임과 신자끼리 행하는 성찬례 등으로 인해 여러 가지 오해를 받고 갈등을 빚으며 지역적인 박해도 받는다. 그러나 유다의 2차 독립항쟁이 실패한 2세기 중엽에 이르러 그리스도교는 이미 유다교와 분리된, 하나의 영향력 있는 종교로 성장한다. 서방보다 동방에서 그리스도교는 훨씬 널리 전해진다. 그리스도교의 가르침을 옹호하고 변론하는 활동도 적극적으로 행해진다. 로마의 유스티누스와 아테네 출신의 아리스티데스, 아테나고라스, 시리아의 타티아누스가 대표인물이다. 그런 가운데 교회 내부에서도 성격이 다른 여러 움직임이 생겨나 그리스도교의 본질과 정통성에 대해 의문을 던진다. 이를 해명하고 답을 찾아가는 가운데 자연스럽게 신학이 발전하게 된다.

기원전부터 있었다고 추정되는 영지주의는 2세기 전반부터 활발해진다. 영과 육의 세계가 이원론적으로 대립

서기		팔레스티나(그리스도교)
132	140경~165	그리스도인 영지주의자 발렌티누스 활약, 영지주의 세력 팽창.
	140경	시리아에서 《토마 복음서》 저술 추정.
	144	로마 교회가 구약성경을 배척하는 신자 마르키온을 파문함 – 마르키온은 루카 복음서와 바오로의 10개 편지에서 구약성경과 관련된 내용을 삭제한 것만 경전이라고 주장함.
	150경	〈클레멘스의 둘째 편지〉, 외경 《히브리인의 복음서》, 《베드로 복음서》 저술 추정.
	155/6	스미르나의 주교 폴리카르푸스 순교 – 그의 서간에서 성경 구절을 112번 인용함.
	156/172경	소아시아의 브루기아에서 몬타누스, 예언적인 신탁 발표. 엄격한 금욕주의 주창.
	160~170대	타티아누스가 네 복음서를 하나로 만든 《디아테사론》 저술 – 시리아 교회에 널리 퍼짐.
	170경	외경 《바오로 행전》 저술 추정.
	180경	안티오키아 주교 테오필루스, 구약성경과 네 복음서, 사도행전, 바오로 편지들을 정경으로 여김. 안티오키아, 알렉산드리아, 카이사리아 학파 간에 교리 논쟁 가열.
	177~202경	리옹의 주교 이레네우스, 사도적 권위와 교회 전승에 따라 신약 22권을 정경으로 인정(필레몬서 · 베드로 이서 · 유다서 · 요한 삼서 · '헤르마스의 목자' 등이 논란). 외경 《베드로 행전》, 《요한 행전》 저술 추정.
	190경	부활절 날짜 문제가 주교들 사이에서 논의(니산달 14일 또는 주일).
	195경	알렉산드리아에서 클레멘스 활약, 《디오그네투스에게 보낸 편지》 작성됨.
200	2세기 말	정경 목록인 《무라토리 단편》 작성 추정(또는 4세기).

한다고 주장하는 영지주의자들은 영지주의적 해석이 가능한 그리스도교 문서만을 경전화하려고 시도한다. 또 마르키온은 나름대로 정리한 루카 복음서와 열 개의 바오로 서간만을 경전으로 주장한다. 156/172년경 소아시아에서 몬타누스가 시작한 새로운 예언운동은 성령의 영감을 받은 것이라며 신탁들을 쏟아놓는다. 엄격한 금욕생활, 여성 예언자의 활약, 임박한 종말사상 등의 특성을 지닌 몬타누스설은 지중해 세계에 널리 확산된다. 이에 따라 교회는 이런 이단 사조의 논거가 된 요한 묵시록 등을 경전으로 받아들일 것인지, 성령의 영감을 받은 성경이 무엇인지 정경(canon)의 범위를 결정해야 할 필요성을 절감케 된다. 그래서 교회에서는 증인이었던 사도들과 그들의 권위를 토대로 정경을 결정하려고 노력한다.

2세기 말엽(또는 4세기)에 작성된 것으로 추정되는, 현존하는 최초의 정경 목록인 《무라토리 단편》에는 신약성경에서 네 복음서와 사도행전, 13개의 바오로 서간, 유다서와 요한의 편지 2통, 지혜서와 요한 묵시록 등이 전례 때 공적으로 낭독하는 경전으로 나열되어 있다. 히브리서, 베드로 일·이서, 야고보서, 요한 3서가 빠져 있는 것을 볼 때 당시까지만 해도 오늘날과 같은 신약성경이 확정되지 않았음을 알 수 있다.

로마 세계의 유다인 디아스포라 확장

- 로마 후대에 확장된 지역
- 1세기의 로마 세계
- ● 아주 큰 유다인 집단주거지

로마	
134	동방에서 파르티아의 공격 받음.
138	안토니우스 피우스 황제(~161), 제국 국경 강화, 다른 종교에 관대.
148	로마 건국 900주년 축하제.
150경	로마의 철학자 유스티누스, 그리스도인이 되어 변론함(165년 순교).
161	마르쿠스 아우렐리우스 황제(~180), 동생 루키우스 베루스(~169)와 공동 통치.
162	동방에서는 파르티아의 침략(~166), 지중해 일대에 흑사병이 번져 혼란에 빠짐(167).
166	마르코마니족 등 게르만 부족의 침략으로 서방 혼란(~179), 게르만족 대이동 개시.
174	아우렐리우스 황제, 《명상록》(12권) 집필.
177	아테나고라스, 아우렐리우스 황제에게 그리스도교 변론서를 보내면서 성경 인용. 게르만족과의 2차 전쟁 발발. 리옹의 그리스도인들이 학살됨.
180	코모두스 황제(~192), 군인황제 시대(~284) 개막. 이민족 침입, 농민 감소, 인플레이션(20%)으로 경제 불안 가중.
193	페르티낙스(193), 디디우스 율리아누스(193), 셉티미우스 세베루스, 군대가 옹립하여 황제 즉위.
197	세베루스 황제, 동방 원정 재개(~199).

한국·중국	
166	대진 왕 안돈(로마 황제 아우렐리우스)의 사신, 중국에 도착.
167	부여, 현도군 공격.
172	고구려, 후한의 침입 격퇴.
184	중국: 장각의 황건군 봉기 – 진압했으나 후한 위기.
189	중국: 원소, 환관 이천 명 처형. 동탁이 정권 장악.
194	고구려, 진대법 실시.
196	중국: 조조, 헌제를 동반하고 허로 천도, 정권 장악.

34. 박해 속에서 넓혀지고 다져지는 복음
(서기 200~300)

로마시대 후기
(서기 132~324)

혼란과 박해를 뚫고 솟아오르는 복음! 2세기 말부터 로마는 시들어 간다. 한 세기에 칠십 명의 황제가 등장할 정도로 권력은 흔들린다. 계속되는 다른 민족의 침략으로 군인들이 득세하고, 경제가 불안해지며, 로마 본토보다 주변 속국들의 세력이 강해진다. 중앙 통제력이 약화되고 불안한 분위기가 확산되면서 각 지역의 토착종교가 성행하고, 제국의 일치를 위해 혼합종교가 권장된다. 이때 데키우스 황제는 로마 수호신을 중심으로 제국의 통일을 이루고자 이 신에게 제사를 드리지 않는 이들을 고문하고 처형하도록 지시한다. 이에 따라 250년에 역사상 최초로 법적 근거에 따라 로마 제국 전역에서 그리스도교에 대한 조직적이고 대대적인 박해가 시행된다. 순교자도 숱했지만, 배교하거나 도피한 신자들도 적지 않았다. 짧지만 극심했던 이 박해 이후로 그리스도교는 간헐적이고 지역적인 박해 외에 큰 박해를 받지 않고 성장하게 된다.

로마 제국이 흔들렸던 이 시기에 그리스도교는 이미 제국 전체에 널리 퍼져 확고하게 자리잡는다. 일부에서는 300년경의 그리스도인 숫자를 서방의 경우 약 2백만 명, 동방에는 5백만 내지 6백만 명으로 추정한다. 박해는 그

1. 착한 목자 그리스도, 3세기 초, 칼리스도 카타콤의 프레스코화, 로마 소재
2. 보드머 7 파피루스 사본, 2세기 말~3세기, 유다서 18-24절
3. 금송아지상을 경배하는 아론과 백성들, 3세기, 두라 에우로포스 회당의 벽화, 다마스쿠스박물관
4. 원삼국 시대의 토기들, 3세기경, 부여박물관

서기		그리스도교
200	200경	테르툴리아누스, 구약성경 및 복음서와 사도 서간의 권위 인정(베드로 이서·야고보서·요한 이서와 삼서는 인용하지 않음).
		점차 로마 교회의 우위성을 인정하는 견해가 늘어남.
		서방 그리스도교의 주된 언어가 그리스어(코이네)에서 라틴어로 바뀌어 감.
	203~215	알렉산드리아의 오리게네스(~254 순교), 폭넓게 성경 인정(야고보서, 베드로 이서, 요한 이서와 삼서 제외).
		《헥사플라》(여섯 가지 구약성경 번역본 병행본) 저술.
	200~230	로마의 히폴리투스, 구약성경과 신약성경의 권위를 동등하게 인정. 단 히브리서·베드로 이서·야고보서·유다서는 제외.
	220경	몬타누스설, 이단으로 파문됨. 유다교 지도자인 라시 유다, 세포리스에서 《미슈나》를 편찬.
	232경	유다인들, 유프라테스 강변의 로마 도시 두라 에우로포스에 벽화를 그린 회당 건설(~256년 파괴됨).
	240	제2차 카르타고 교회회의, 주교 90명 참석.
	248	키프리아누스, 카르타고의 주교(~258 순교)로 선출.
	250경	〈선조들의 어록〉이 《미슈나》에 첨가됨.
	251	로마 교회회의 - 배교자에게 강경한 노바시아누스파 출교 조치.
	255~257	이단자들이 준 세례가 유효한지 여부가 논란됨. 박해 재개(257~260?).
	270경	이집트에서 안토니우스가 사막으로 들어가는 등 은수자들이 늘어남.
300	294경	그리스도교 건물 건축이 묵인됨.

리스도교를 위축시키기는커녕 오히려 더 강하게 응집시킨다. 하지만 이런 시련을 겪으면서 교회 안에는 서로 다른 견해들이 제기되고, 때로는 이로 인해 교회에 분열이 생기기도 한다. 특히 데키우스 황제의 박해가 끝나자 배교한 그리스도인을 다시 받아들이는 문제를 둘러싸고 서로 다른 입장끼리 다투게 된다. 이때, 각 지역에서는 교회회의를 열어 대립주교를 세운 강경파들을 출교시켜 정리한다. 그다음에는 떨어져 나간 이단자들에게서 받은 세례가 유효한지에 대한 여부를 둘러싸고 로마와 카르타고 교회 간에 엇갈린 입장을 보인다.

이런 일련의 과정을 거치면서 교회는 끊임없이 자기의 정체성을 밝히고, 자신의 신조를 구체화하는 노력을 기울인다. 이 과정은 성경의 정경화 과정과 일치한다. 구약성경은 사도시대부터 칠십인역을 권위 있는 성경으로 사용하였으나, 신약성경은 여전히 유동적이었다. 교부라 불리는 대표적인 교회 지도자와 신학자들은 복음서의 권위를 압도적으로 인정하고 사도행전과 바오로의 편지들도 경전으로 받아들이나, 일부 편지들과 묵시록에 대해서는 의견이 달랐다. 하지만 2세기 말에서 3세기 초에 신약성경의 전체 윤곽이 형성되었다고 할 수 있다.

그리스도교의 확장

	로마
211	카라칼라 황제(~217), 제국 내 모든 자유민에게 로마 시민권 부여(212).
216	마니 출생(~276), 유다 그리스도교의 영지주의자로 있다가 마니교 창시(240).
218	마크리누스 황제(217~218) 피살, 엘라가발루스 황제(~222), 시리아 종교 도입.
222	세베루스 알렉산데르 황제(~235), 모든 종교에 관대.
226	아르다시르, 파르티아를 멸망시키고 사산조 페르시아 건국.
230	사산조 페르시아, 메소포타미아를 침입하여 로마를 공격.
235	막시미누스 트라키우스 황제 즉위로 군인황제(~284) 계속. 그리스도인 규제 강화.
249	**데키우스** 황제(~251), 그리스도인을 심하게 박해(250~251).
	- 로마, 안티오키아, 예루살렘 주교 등 순교, 오리게네스 고문당함.
253	발레리아누스 황제(~260). 고트족이 소아시아 침략.
256	시리아의 안티오키아, 사산조 페르시아에게 점령됨. 고트족이 소아시아 침략.
257	발레리아누스, 대대적인 그리스도교 박해(~260?).
267	팔미라 군주 오데나투스의 부인 제노비아, 동방 일대 장악(~273). 고트족 침입.
274	아우렐리아누스 황제(270~275), 미트라교에서 태양 숭배 도입. 마니교 득세.
284	**디오클레티아누스** 황제(~305), 로마 제국을 동서로 갈라 분할 통치.
293경	로마 제국을 넷으로 갈라 통치.

	한국·중국
200	중국: 조조, 원소를 격파.
206	중국: 후한의 공손강, 대방군 설치.
208	중국: 적벽대전에서 조조 대패.
209	고구려, 환도성 천도.
220	중국: 후한 멸망, 위 건국(~265).
	삼국시대(~266/280) 시작.
221	중국: 유비, 촉 건국(~263).
229	중국: 손권, 오吳 건국.
234	중국: 제갈량, 위 공격 중 병사. 백제의 고이왕, 나라 기틀 확립.
246	중국: 위의 관구검, 고구려 공격. 백제가 중국 요서로 진출.
247	고구려, 평양성 천도.
250경	백제, 국가체제를 갖춤(추정).
265	중국: 사마염, 위 멸망, 진 건국.
280	중국: 오 멸망 – 진晉의 통일.
285	모용 선비족의 부여 침략. 백제의 왕인, 일본에 유교 전파.
291	중국: 진, 8왕의 난(~306).

35. 복음, 로마를 넘어 땅 끝까지
(서기 300~400)

로마시대 후기(132~324)
비잔틴 시대(324~638)

복음에 자유의 날개를 달다! 1세기 동안의 혼란을 걷고 로마의 질서를 회복한 강력한 황제 디오클레티아누스는 말기에 가장 혹독하게 그리스도교를 박해한다. 303년부터 시작된 이 박해는 특히 동방에서 집요하게 시행된다. 교회가 파괴되고 많은 신자들이 투옥되거나 순교하게 된다. 그러나 306년부터 분할 통치하던 네 명의 황제끼리 세력을 다투게 되면서 상황은 급변한다. 서방 황제의 하나인 리키니우스는 대표적인 박해자로서 임종 직전에 있던 동방황제 갈레리우스로부터 그리스도인 관용칙령을 받아 내어 그리스도인들의 지지를 획득한다(311년). 또 콘스탄티누스 황제는 리키니우스와 함께 관용령을 발표하고(313년), 이어 아를르에서 교회회의를 소집하여 아프리카에서 교회 분열을 가져온 도나투스설을 단죄하는 등 그리스도교의 옹호자로 등장한다. 결국 콘스탄티누스 황제가 제국을 통일한 뒤(324년), 그리스도교는 확고부동한 지위를 차지한다. 불과 20여 년만에 사태는 완전히 역전되어, 이제는 다른 종교들이 거꾸로 박해를 받게 된다.

콘스탄티누스는 제국의 통합을 위해 교회를 일치시키고자 최초로 보편공의회를 주최한다(325년). 동방 주교들

1. 나그함마디 파피루스, 4세기 후반, 토마 복음서 기록, 카이로 콥트박물관
2. 시작이요 마침이신 예수 그리스도, 400년경, 프레스코화, 로마, 코모딜라 카타콤
3. 로마의 산타 콘스탄자 성당, 콘스탄티누스 황제 딸의 무덤(354년 사망)을 성당으로 바꿈
4. 세베루스의 묘비석에 새겨진 '그리스도' 글자, 4세기 전반, 로마 피오 그리스도교박물관
5. 안악 제3호분의 주인공 모습, 동수/고국원왕?, 357년

서기		그리스도교
300	300 이후	4세기에 들어 부활절 외에 사순절과 성탄절, 주님 공현 축일을 기념함.
	303	에스파냐의 엘비라에서 교회회의 열림 – 생활규범 규정.
	305경	안토니우스(~356), 파코미우스, 마카리우스 주위에 은수자들 모임(325년부터 급증). 그리스도교, 대대적으로 박해당함.
	313	울필라스, 성경을 콥트어로 옮김(~383). 아르젠테우스 정경 발표(~350).
	315	도나투스, 카르타고의 주교로 뽑힘 – 도나투스설 확산, 교회 분열 조짐.
	321	콘스탄티누스, 법으로 일요일을 휴일로 지정, 교회에 유증물을 받을 권리 인정.
	325	**제1차 니케아 공의회** – 아리우스설 단죄, 이때쯤 카이사리아의 에우세비우스가 《교회사》에서 정경 목록 작성.
	331	신플라톤주의 철학자 소파트로스 처형, 이교 신전들이 파괴되기 시작.
	340	성서학자 예로니모(히에로니무스, ~420), 암브로시우스(~397) 탄생.
	350경	예루살렘의 치릴루스, 《교리문답강의》에서 정경 목록 기술(요한 묵시록 제외).
	354	**아우구스티누스** 출생(~430)
	363경	라오디케이아 교회회의의 문헌에 밝힌 정경 목록에서 요한 묵시록 제외.
	367	알렉산드리아의 아타나시우스 주교(295~373), 축제 서신을 통해 현행 정경 목록과 동일한 성경 인정.
	381	**제1차 콘스탄티노플 공의회** 개최.
	393	**히포 교회회의**, 현재의 신약 정경 인정.
400	397/419	**카르타고 교회회의**, 현재의 신약 정경 인정. 아우구스티누스가 《고백록》 저술(397).

이 주로 참석한 이 공의회는 이집트의 알렉산드리아를 중심으로 예수 그리스도의 신성을 거부하던 아리우스설을 단죄하고 니케아 신경을 작성하며, 스무 가지 생활규범도 결정한다. 이 결정이 국법으로 공포되면서 교회와 정치는 일체화되나 권위의 우월성을 놓고 다투게 된다.

그 뒤 다시 다른 종교를 복권시킨 율리아누스 황제를 제외하면, 그리스도교는 줄곧 로마 제국의 중심에 서게 된다. 마침내 테오도시우스 1세가 제1차 콘스탄티노폴리스 공의회를 소집하여 삼위일체 논쟁을 정리하고(381년), 그리스도교를 제국의 유일한 종교로 선포함으로써 그리스도교 지위에 관한 일체의 논란은 종결된다(392년). 4세기 초에 지독한 박해를 받던 그리스도교는 공인을 넘어 국교의 지위까지 올라선다. 박해 속에서도 두려움 없이 외쳐지던 복음은 이제 당당하게 로마 제국 곳곳에 선포되고, 로마 제국을 넘어 만방에 뻗어간다. 제국 내 교회의 일치를 위해 교의와 전례 등도 점차 확정되고 통일된다. 전례 때 봉독되는 경전의 범위도 히포 교회회의 등 몇 차례 교회회의를 통해 4세기 말에 확정된다. 가톨릭 교회는 트리엔트 공의회(1545~1563)와 제2차 바티칸 공의회(1962~1965)를 통해 정경을 거듭 확인하고, 성경과 성전聖傳을 계시의 원천으로 밝혔다.

서기 4세기의 그리스도교와 로마

✠ 대주교좌
† 주교좌
● 공의회 개최지

로마	
303	디오클레티아누스 황제(~305), 그리스도교에 대한 최후의 대박해 시작(~311).
306	**콘스탄티누스 1세**, 서방 황제로 선포(~337).
311	갈레리우스 황제, 죽기 직전에 그리스도인 관용 칙령에 서명. 죽은 뒤 그리스도교 박해.
312	콘스탄티누스 1세, 막센티우스를 이겨 단독 통치자가 됨.
313	콘스탄티누스 1세와 리키니우스, 신앙의 자유 선언(밀라노 칙령 – 그리스도교를 공인).
324	콘스탄티누스 1세, 리키니우스를 꺾고 로마 제국을 재통일함. 비잔티움 건설 시작 – 비잔틴 시대 개막.
330	콘스탄티누스 1세, 수도를 비잔티움(콘스탄티노폴리스)으로 옮김.
337	콘스탄티누스 2세(~361) / 콘스탄스(~350) 황제 분할 통치(340년부터).
346	이교 제사 금지되고 신전 철폐령 내림.
361	율리아누스(~363) – 이교 부활시킴. 요비아누스 황제(363~364) – 교회 복권시킴.
364	발렌티니아누스 황제(~375) / 발렌스 황제(~378), 비지고트족에게 전사함.
375	그라티아누스 황제(~383) / 발렌티니아누스 황제(~392). 게르만 민족의 대이동 개시.
378	테오도시우스 1세(~395) 즉위.
385경	에게리아의 《여행기》 기록 – 성지순례 활발.
392	이방신 숭배가 금지되고, 그리스도교가 국교로 정해짐.
395	테오도시우스 1세가 죽은 후 로마가 동서로 나뉨.

한국·중국	
313	고구려, 낙랑군과 대방군 공격. 축출.
316	중국: 진 멸망– **5호 16국 시대** 시작.
317	중국: 동진 건국(~420)
342	고구려, 연(모용선비족)의 침략으로 위축.
346	부여, 연에게 멸망. 백제 근초고왕, 부흥.
356	신라, 내물왕(~402) 왕권을 강화.
360	백제, 《서기》 편찬.
369	백제, 한韓을 멸망시키고 병합.
372	고구려에 불교 전래. 태학 설치. 백제가 동진에 사절을 보냄.
384	백제에 불교가 전래(침류왕 원년).
391	고구려, 광개토대왕 즉위(~412).
400	고구려, 왜군을 토벌하고 신라 구함.

부록 1. 근동의 셈어 계보도 (기원전 3000 ~ 서기 1600)

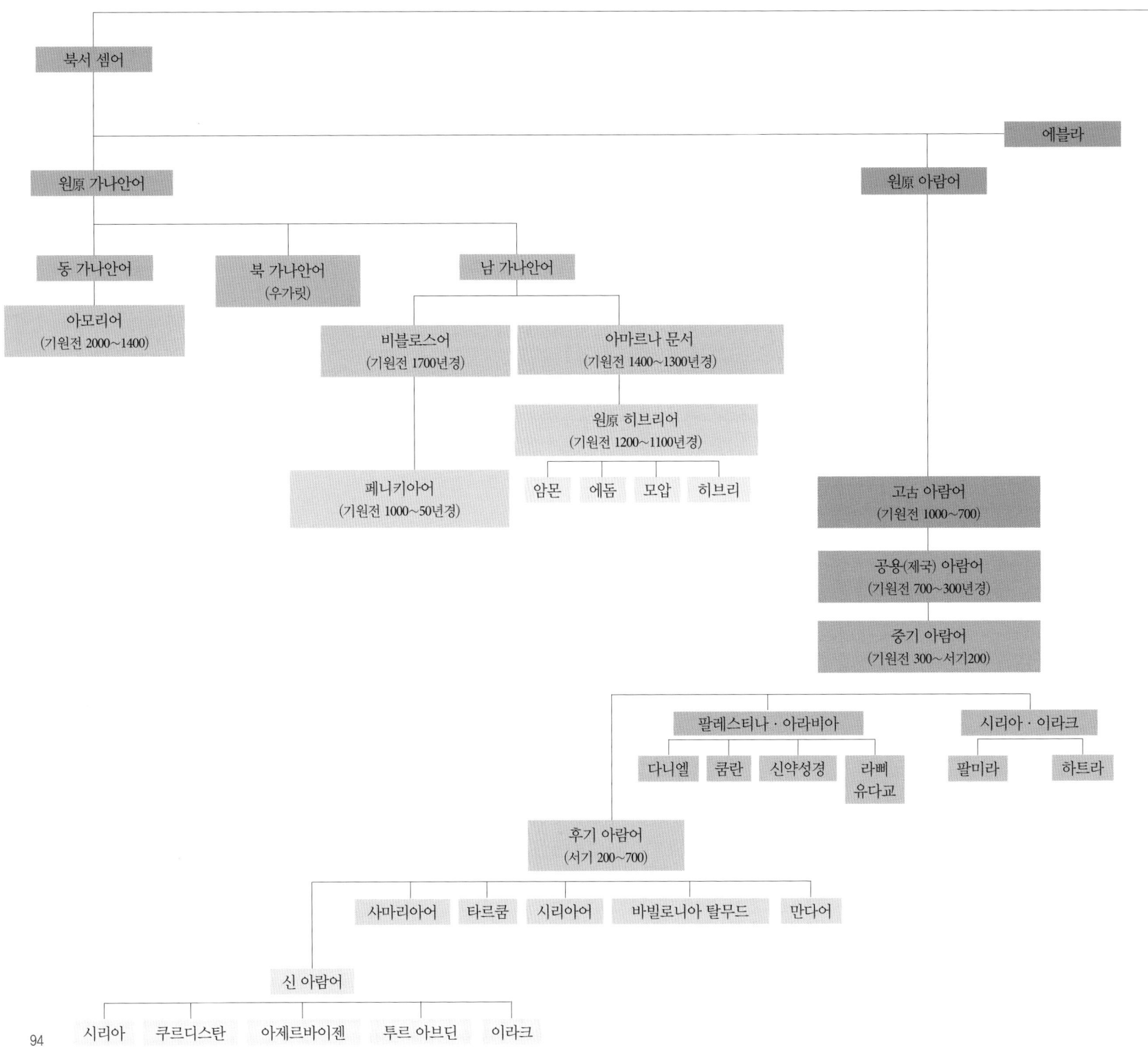

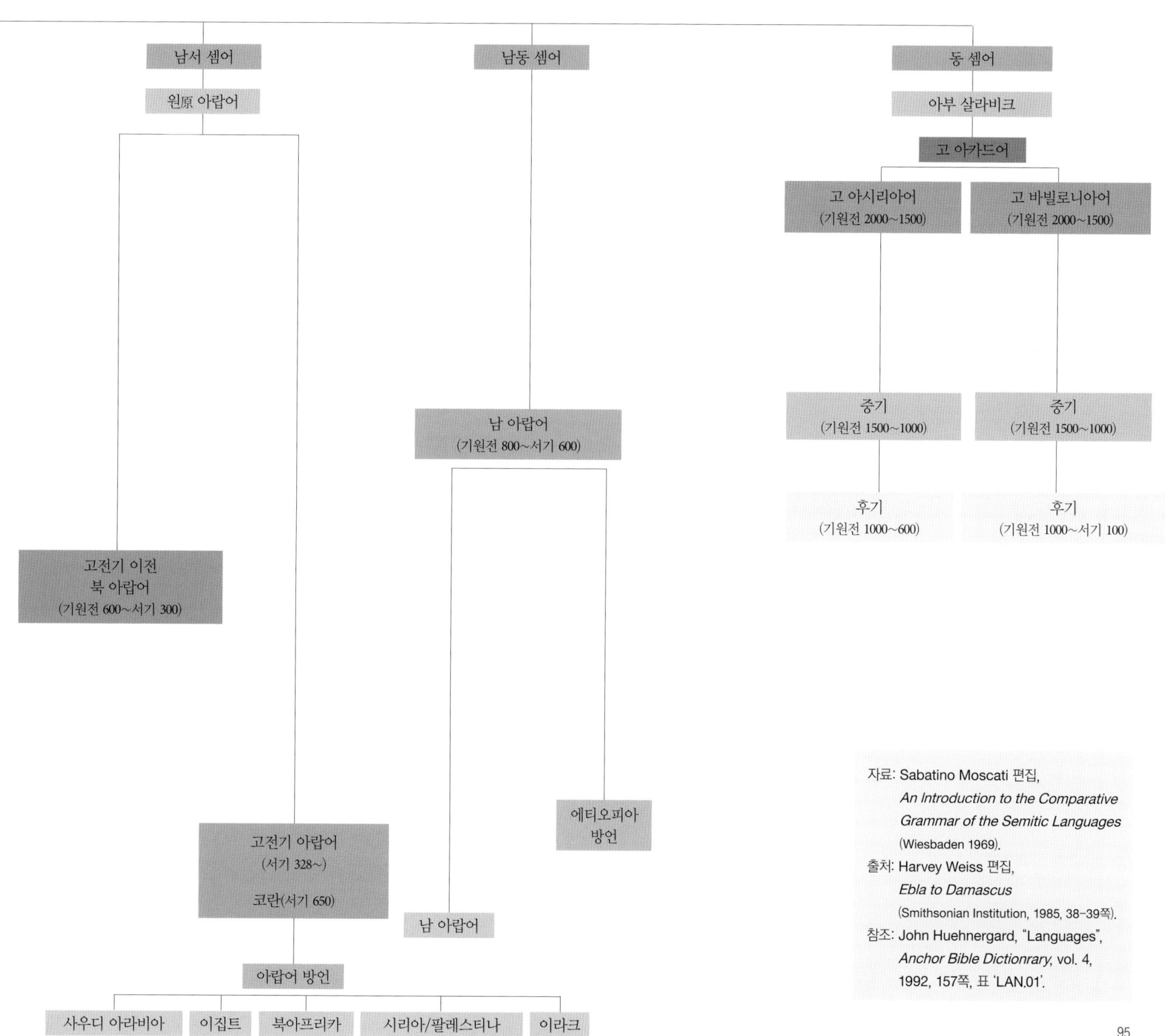

부록 2. 하스모내오 왕조의 가계도

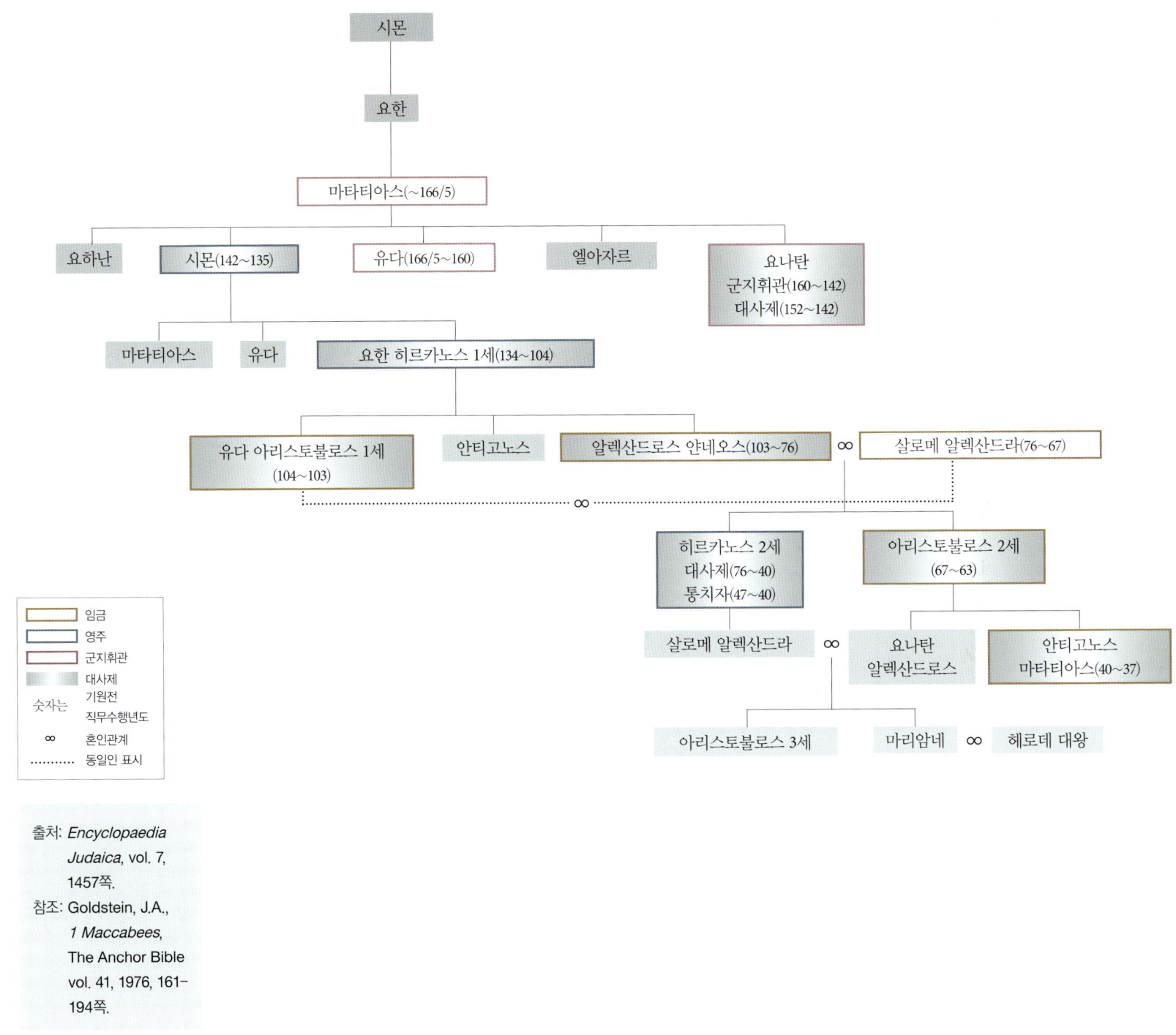

출처: *Encyclopaedia Judaica*, vol. 7, 1457쪽.
참조: Goldstein, J.A., *1 Maccabees*, The Anchor Bible vol. 41, 1976, 161-194쪽.

부록 3. 헤로데 왕가의 가계도

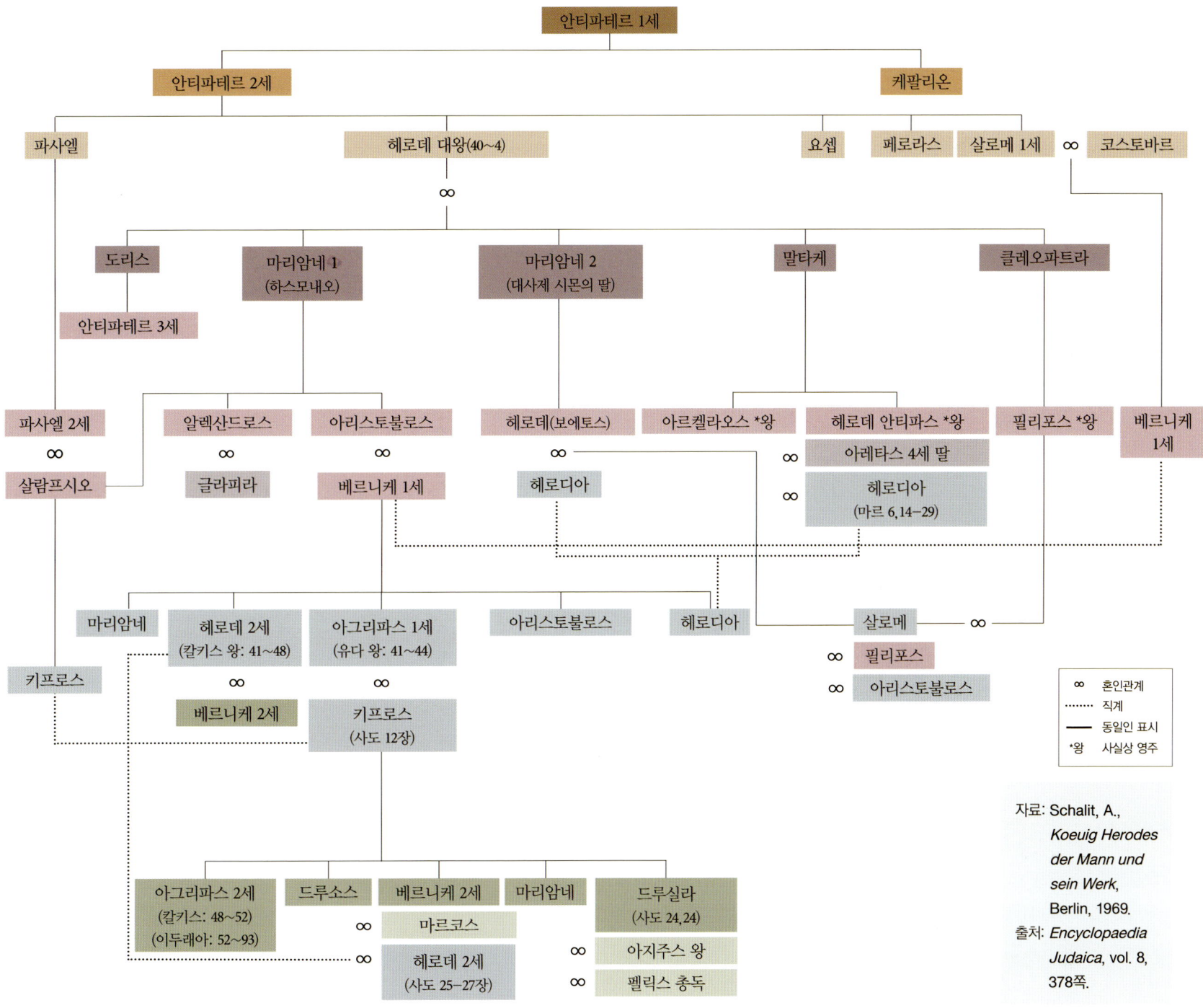

참고 문헌

역사 분야(초판)

존 A. J. 가우제트, 《문명의 여명: 옛 인류의 고고학》, 배기동 역, 범양사, 1984.

강만길 외, 《한국사 1: 원시사회에서 고대사회로-1》, 한길사, 1995.

M. I. Rostovtzeff, 《서양고대세계사》, 고려대학교 대학원 서양고대사연구실 역, 고려대학교 출판부, 1986.

보 라이케, 《신약성서 시대사》, 번역실 역, 한국신학연구소, 1986.

B. M. 메츠거, 《신약정경형성사》, 이정곤 역, 기독교문화협회, 1993.

문희석 편저, 《구약성서배경사》, 1-2, 대한기독교서회, 1973.

J. 맥스웰 밀러·존 H. 헤이스, 《고대 이스라엘 역사》, 박문재 역, 크리스챤 다이제스트, 1996.

윤내현 편저, 《중국사 1》, 민음사, 1991.

정태현, 《성서 입문(상권)》, 일과놀이, 2000.

조철수, 《선조들의 어록: 초기 유대교 현자들의 금언집》, 성서와함께, 1998.

헬무트 쾨스터, 《신약성서 배경 연구(상권)》, 이억부 번역, 은성, 1996.

클라이브 폰팅, 《녹색세계사 I》, 이진아 옮김, 심지, 1995.

아우구스트 프란쯔, 《교회사》, 최석우 옮김, 신학총서 22, 분도출판사, 1990.

지크프리트 헤르만, 《이스라엘 역사》, 방석종 옮김, 나단출판사, 1989.

《한국민족문화대백과사전》, 1-27권, 한국정신문화연구원, 1991.

Aharoni, Y., *The Archaeology of the Land of Israel*, trans., A. F. Rainey, The Westminster Press, 1982.

Albertz, R., *A History of Israelite Religion in the Old Testament Period*, vol. 1-2, trans., John Bowden, Westminster John Knox Press, 1994. 강성열 옮김, 크리스챤 다이제스트, 2003.

Baumann, H., *Im Lande Ur*, Sigbert Mohn Verlag, 1968.

Bright, John, *A History of Israel*, 3판, Philadelphia, The Westminster Press, 1981. 박문재 옮김, 크리스챤 다이제스트, 1993.

Brown, R. E., 외 편집, *The New Jerome Biblical Commentary*, Prentice Hall, 1990.

Bunson, M., *The Encyclopedia of Ancient Egypt*, Gramercy, 1991.

Coogan, M. 편집, *The Oxford History of the Biblical World*, Oxford, 1998.

Dan Cohn-Sherbok, *The Atlas of Jewish History*, Routledge, 1994.

De Vaux, R., *The Early History of Israel*, vol. 1-2, Darton, Longman & Todd, 1978.

Finegan, J., *Handbook of Biblical Chronology*, 개정판, Hendricken, 1998.

Freedman, D. N., 외 편집, *The Anchor Bible Dictionary*, vol. 1-5, Doubleday, 1992.

Grant, M., *The History of Ancient Israel*, Weidenfeld & Nicolson, 1984.

Hawkes, J., *The Atlas of Early Man*, 개정판, St. Martin's Press, 1993.

Hallo, W. W. & Simpson, W. K., *The Ancient Near East. A History*, 2판, Harcourt Brace, 1998.

Hoerth, A. J. 외 편집, *Peoples of the Old Testament World*, The Lutterworth Press, 1996.

Kuhrt, Amelie, *The Ancient Near East*, 3000-330 BC, vol. 1-2, Routledge, 1995.

Macqueen, J. G., *The Hittites and their contemporaries in Asia Minor*, 수정증보판, Thames and Hudson, 1986.

Meier, J. P., *A Marginal Jew*, vol. I-II, Doubleday, 1994.

Meyers, E. M. 편집, *The Oxford Encyclopedea of Archaeology in the Near East*, vol. 1-5, Oxford University Press, 1997.

Nissen, H. J., *The Early History of the Ancient Near East*, trans., E. Lutzeier & K. J. Northcott, The University of Chicago Press, 1988.

Roth, C. 외 편집, *Encyclopaedia Judaica*, vol. 1-13, Keter Publishing House

Jerusalem, 1972.

Scherman, R. N. & Zlotowitz, M., 편집, *History of the Jewish People*, 3판, Hillel Press, 1986.

Schürer, Emil, *The History of the Jewish People in the Age of Jesus Christ*(175 B.C.– A.D.135), vol. 1-2, 개정판, T.&T. CLARK, 1973.

Stern, Ephraim, 편집, *The New Encyclopedia of Archaeological Excavations in the Holy Land*, vol. 1-4, Simon & Schuster, 1993.

Soggin, J. Alberto, *An Introduction to the History of Israel and Judah*, 최신 전정판, trans., John Bowden, SCM Press, 1993.

Welss, H. 편집, *Ebla to Damascus: Art and Archaeology of Ancient Syria*, Smithsonian Institution, 1985.

역사 분야(개정판)

데이비스 M. 롤, 《시간의 풍상》, 김석희 옮김, 해냄, 2003.

비르기트 브란디우 외 공저, 《히타이트》, 장혜경 옮김, 중앙 M&B, 2002.

이스라엘 핑컬스타인 & 닐 애셔 실버만, 《성경: 고고학인가 전설인가》, 오성환 옮김, 까치, 2002.

인성펑, 《중국의 문명 2-신권의 일천 년》, 조영현 옮김, 시공사, 2003.

자오춘칭·친원성, 《중국의 문명 1-문명의 새벽》, 김양수 옮김, 시공사, 2003.

키스 W. 휘틀럼, 《고대 이스라엘의 발명》, 김문호 옮김, 이산, 2003.

피터 에이 클레이턴, 《파라오의 역사》, 정영목 옮김, 까치, 2002.

허셜 섕크스 엮음, 《고대 이스라엘》, 개정증보판, 김유기 옮김, 한국신학연구소, 2005.

Dever, William G. *What did the Biblical Writers know and When did they know it?*, William B. Eerdmans Publishing Company, 2001.

Erskine Andrew (ed), *A Companion to the Hellenistic World*, Blackwell Publishing, 2003.

Matthews, Victor H. *A Brief History of Ancient Israel*, Westminster John Knox Press, 2002.

Rainey, Anton F. (et al.), *The Sacred Bridge*, CARTA Jerusalem, 2006.

Thompson, Thomas L. *The Mythic Past*, Basic Books, 1999.

Yamauchi, Eswin M. *Persia and the Bible*, Baker Books, 1990.

도판 및 지도 분야

Aharoni, Y. & Avi-Yonah, M., *The Macmillan Bible Atlas*, 개정판, Macmillan Publishing Co., 1977.

Amiet, P., *Art of the Ancient Near East*, trans., Harry N. Abrams, Mazenod, 1977.

Baines, J. & Málek, J., *Atlas of Ancient Egypt*, reprinted ed., LES LIVRES DE FRANCE, Egypt, 1992.

Cleave, R., *The Holy Land Satellite Atlas*, vol. 1, Rohr Productions, 1994.

De Lange, N., *Atlas of the Jewish World*, Facts On File, New York, 1984.

Jaffe, H. L. C., 편집, *20000 years of world painting*, Greenwith House, 1983.

Levy, Thomas E. (ed.), *The Archaeology of Society in the Holy Land*, Continuum, 2003.

Masom, C. 외 편집, *Picture Archive of the Bible*, A LION BOOK, 1987.

McEvedy, C., *The Penguin Atlas of Ancient History*, Penguin Books, 1967.

Pritchard, J. B. 편집, *The Harper Atlas of the Bible*, Harper&Row, 1987.

Rasmussen, C. G., Zondervan *NIV Atlas of the Bible*, Regency, 1989.

Stier, Hans-Erich 외 편집, *Westermann Grosser Atlas zur Weltgeschichte*, 9쇄, Georg Westermann Verlag, [9]1976.

Stokstad, M., *Art History*, trans., Harry N., Abrams, 1995.

찾아보기 (일반사항)

가

가나안 (문화) 18–22,26–35,38,47,50,52
가다라 77,81
가술(톨레이라트 엘 가술) 16,19
가우가멜라 65
가울란티스 71,77
가이우스 그라쿠스(호민관) 73
가자 31–33,47,49,54,64,68,83,85
갈라티아 69, 75,84
갈레리우스(황제) 92,93
갈리아 75
갈릴래아 16,35,41,49,60,72–74,76,77,81, 82,84,85
갑골문 29
게르제 (문화) 16,18
게셈 62
게제르 30,39
계약 궤 38,39
고구려 75,77,81,83,85,87,89,91,93
고바빌로니아 26–29
고센 28
고아시리아 27,29
고졸기 문화 47
공자 59,63
과드라투스 85
교리문답 강의 92
구데아 23
구스 39
구티족 21–23,27
그달야 (총독) 55,58
그라니코스 강 65
그라투스 80

그리스 29,31,32,34,60, 62–64,68–71
그리짐 산 64,72,86
기드온 34
기브아 34
길가메시 서사시 26

나

나바테아 (왕국) 71,73,81–83
나보니도스 (왕) 59
나보폴라사르 (왕) 53
나자렛 81,83
나카다 16
나투프 문화 14
나파타 왕조 46
나훔 53–55
낙읍(낙양/뤄양으로 개칭) 35,47
난나(우르) 20
네겝 16,38,55
네로 (황제) 84,85
네르갈 샤르 우수르 59
네르바 87
네부카드네자르 임금 35
노바티아누스파 90
노자 59
놉(=멤피스) 31,33,39,49
누비아 18,26,30,46,48,50,53
누지 31
느코 2세 54
느헤미야 62–64
니네베 17,27,45,49,53,55,59

니케아 공의회 92,93
니푸르 18,19,20,61

다

다리우스 1세 60–61,63
다리우스 2세 64,65
다리우스 3세 65
다마스쿠스 15,29,30,39,43,45–47,49, 59,81–83
다윗 38–41,45,52,60,61,74
단 34,40,43
단군 21
데메트리오스 1세 67,69,70,71
데메트리오스 2세 72,73
데메트리오스 3세 74,75
데카폴리스 77,81,83,85
데키우스 90,91
델로스 동맹 63
델피 59
도나투스설 92
도리아인 35
도미티아누스 (황제) 87
동주東周 시대 47,49
드보라의 노래 34
디아스포라 68,74
디아테사론 88
디오그네투스 88
디오니소스 71
디오클레티아누스 (황제) 91–93

라

라가시 17,21–23
라르사 17,23,27–29
라메세스(람세스) 1세 32
라메세스 2세 32
라메세스 3세 34
라못 길앗 42,43
라빠 암몬 41
라스 샴라(우가릿) 15
라오디케이아 92
라키스 50,51
라테누 23
라틴인 35
레바논 30,33
로마 49,55,61,63,65,68, 69,70–77,80–93,
로마의 평화(Pax Romana) 77
로물루스 49
룽산(용산) 문화 19,21
르존 39
르친 48,49
리디아 39,51,53,58,59
리비아 34,38,40,44,48,52,59
리피트이쉬타르 27
림신 1세 27

마

마네토 68
마니 91
마니교 91

마라톤 평원 63
마르키온 88,89
마르코 복음서 84
마르쿠스 아우렐리우스 89
마리 21,26,27,29
마리암네 2 76,97
마사다 73,86
마카베오 항쟁 71,73
마케도니아 64,65,71,73
마케루스(요새) 80
마탄야 54,55
말라하 15
맹자 65
메네스 19
메넬라오스 70
메디아 45,49,51,53-55,59
메르네프타 32
메사 44
메세니아 53
메소포타미아 14-23,26-30,32,35,
38,40,42,60,65,87,91
멘카우레(미케리누스) 왕 20
멘투호테프 22
멤피스(놉) 18-20,23,26,28,30-32,52,53,
59,61
모레셋 43
모압 34,38,41-44,47,51,54,65,71,94
몬타누스 89
무라토리 단편 88,89
무르실리 1세 29,30
무르실리 2세 33
무와탈리 33
므기또 30-32,34,39,43,47,51,54

므나쎄 51-53
므나헴 48
므로닥(신) 30,59
므로닥 발아단 49,50
미노아 문화 21,30,31
미디안 34
미르얌의 노래 34
미쉬나 90,91
미츠파 62,65,60
미카 (예언자) 48,50,51
미카야 (예언자) 42,43
미케네 29,31
미탄니 (왕국) 29,30-33,40
미트라교 88,91
밀라노 칙령 93

바

바고아스 64
바다리 유적 16
바라도스티아 문화 15
바룩서 58
바르나바의 편지 86
바르 코시바 86,87
바리사이 72,74,75,80,83,87
바빌로니아 (왕국·지역) 25,27,28,30,31,
33-35,39,41,44,45,48,49-51,
53-55,58,60,62-65,69,73
바빌론 (도성) 7,27,28,30,31,33,44,45,
49,51,53-55,58,59,69
바산 41
바아사 42,43

바알 33,42,43,45,52
바오로 (사도) 83,85,89,91
바지 왕조 35
바타네아 71,77,85
바티칸 공의회 (제2차) 93
박트리아 68
발레리아누스 91
발레리우스 그라투스 80
발렌티누스 88
백제 77,81,87,91,93
베다 시대 31
베드로 81,85,89
베들레헴 34
베로이아 71,74,76,77
베르길리우스 75
베스파시아누스 84,85
베타니아 81
베텔 40,41,43,47,53,
베투스 77
벤야민 40,41,62
벤 하닷 42-47
벨사차르 59
벳사이다 81
벳 세메스 46
벳 스안 20,23
본시오 빌라도 80,82
봉건제도 29
부바스티스 38
북이스라엘 38,41-50,53,55,63
브루기아 88
브루투스 77
비블로스 21,26,27,28,35,39,40,77,94
비잔티움 91,93

비지고트족 93
비텔리우스 82,83,85
비티니아 69,75,87

사

사두가이 72,75,80,87
사렙타 43
사르곤(샤루킨) 1세 20,21
사르곤(샤루킨) 2세 49,50,51
사르디스 59
사마리아
 - 도시 42,47,49,53,73
 - 사람 73,84
 - 지역 43,64,73,76,83
사마리티스 71
사마천 73,75
사산조 페르시아 91
사우쉬타타르 31
사울 임금 34,35
사이스 48,53,59
사이스 왕조 52,60
사제계 전승 문헌 58,60
사투르니누스 77,81
사해 19,35,41,71
산발랏 1세 62
산발랏 3세 64
산헤드린 80
산헤립 49,50,51
살라미스 63,93
살로메 알렉산드라 75,96
살룸 48

살만에세르 1세 33
살만에세르 3세 42-44,45
살만에세르 4세 47
살만에세르 5세 49
삼시 아다드 1세 27
삼시 아다드 5세 45
삼위일체 논쟁 93
샤바코 48
석가 59,88
선조들의 어록 90
성결 법전 54
세켈 84
세례자 요한 80,81
세바 39
세바스테 76,77,81,85
세비트쿠 50
세스바차르 60,61
세포리스 72,73,76,77,80,90
세티 1세 32
셀레우코스 왕조 68-74
셀레우코스 1세 69,70
셀레우코스 2세 69
셀레우코스 3세 69
셀레우코스 4세 71
셀레우코스 5세 73
셀레우코스 6세 75
셈(족) 20-23,26,28,29,31,34,95
셉투아진타(칠십인역 구약성경)
　　　61,63,68,69
셉티미우스 세베루스 89
소베크네페루 여왕 28
소아시아 35,59,65,69,70,72,74,75,81,
　　　83,85,88,89,91

소이스 28
소크라테스 63,65
소테르 69,70,71
솔로몬 38,39,40,46,51
솔론 55
수넴 43
수메르 18-21,23,26
수무르 32
수무아붐 27
수사 19,31,33,52,55,59,62
수필루리우마 1세 33
수필루리우마 2세 33
순자 69
술라 75
술기 왕 23
스네프루 20
스미르나 88
스키타이족 53,61,63
스켐 30,35,40,41,72,81
스토아 65,88
시나이 27,39,45,47,50,51,54,65,81,89,91
시누헤 이야기 26,27
시돈 35
시리아 15,16,19-21,23,26-35,38,39,
　　　41-43,45-47,49,50,53,54,59,60,
　　　68,69,71,74,75,77,80,
　　　82-86,88,91
시리아-메소포타미아 17,19
시리아-에프라임 전쟁 49
시리아 전쟁 68
시리아-팔레스티나 23,25,29,33,44,48,
　　　60,63,68
시몬 70,72,80,82,96

시미야 32
시삭(셰숀크) 1세 38,40
시칠리아 69
시편 58,63,69
신라 75,81,83,85,87,93
신명기(계 역사) 49,50,52,53,58
신바빌로니아 54,55,58,59,61
신석기 14-19,23,27,29,35
신아시리아 39
신플라톤주의 92
신히타이트 35,39,40,41,43,45,51
실로 35,50,72
실로암 50
실론 53
실리누스 81

아

아그리파스 1세 77,80,82,83,97
아그리파스 2세 82,84,97
아나넬 76
아나톳 43
아나톨리아 14,15,17,19,21,23,26-28,30,
　　　32,33,35,39,42,43,45,51,53,
　　　54,59,60
아다드 니라리 1세 33
아다드 니라리 2세 41
아다드 니라리 3세 44,45,47
아달리야 44,45
아라비아 15,21,27,46,49,59
아람 32,35,38,39,41,43-48,51,52,58,
　　　60,64,69,94,

아랍 46,62,95
아레타스 4세 82,97
아론 76,90
아르고스 47
아르논 강 45
아르메니아 69,75,85,87
아르자와 33
아르켈라오스 76,80,97
아르키메데스 69
아르타크세르크세스 1세 62-64
아르타크세르크세스 2세 64,65
아르타크세르크세스 3세 64,65
아르타크세르크세스 4세 65
아리스토불로스(헤로데 아들) 72
아리스토불로스 1세 72,73
아리스토불로스 2세 74
아리스토불로스 3세 76
아리스토텔레스 65
아리아 39
아리우스주의 92,93
아마르 29
아마르나(텔 엘 아마르나) 32,33
아마르나 문서 30-33
아마시스 58,60
아마츠야 46
아모리(족) 21-23,26,27
아모스 43,46,47,50,51,59
아몬 (임금) 52,53
아몬 레 신 31
아무르 33
아문 (신) 26,32,34,48
아미르타이오스 64
아바리스 28

아벨 므로닥 59
아부 후레이라 15
아브라함 26,27,29,31
아비바알 39
아비얌 40
아사 40,42,43
아사달 21
아세라 33,52
아수르 17,31,33,55
아수르니라리 4세 47
아수르단 2세 39
아수르단 3세 47
아수르바니팔 52,53
아수르 우발리트 1세 33
아수르 우발리트 2세 55
아스돗 41,47,50,51,65,85
아스클론 28,47,50,73,81
아스티아게스 59
아시리아 20,23,27,29,31-35,
　　　　39-55,58,61,87
아우구스투스 76,77,81
아이 20,32
아이올리아인 27
아인 가잘 14,15
아자르야(우찌야) 46
아제카 50
아카드(아가데) 17,19,20-23,26,29,32,95
아카이아 27,73
아케메니드 왕조 59
아키바 87
아타나시우스 주교 92
아테나고라스 88,89
아테네 35,53,55

아텐 신 32
아포피스 왕 28
아폴로 60,61,62
아프리에스(호프라) 54
아피루 32,33
아피아 가도 69
아하즈 ☞ 여호아하즈
아하즈야 44,45
아합 43,44,45
아흐모세 1세 30
악티움 해전 77
안산 59
안토니우스 77
안토니우스 펠릭스 84
안토니우스 피우스 89
안티고노스 (장군) 68,76
안티고노스 마타디아스 76,96
안티오코스 1세 68,69
안티오코스 2세 69
안티오코스 3세 69,70,71
안티오코스 4세 70,71
안티오코스 5세 71
안티오코스 6세 73
안티오코스 7세 73
안티오코스 10-12세 75
안티오키아 69,71,83,87-89,91,93
안티파테르 75,76,97
알라카 휘윅 15,19
알레포 27,29,30,31,46,55,61
알렉산드라 살로메 74
알렉산드로스 대왕 64,65,68,69,73
알렉산드로스 발라스 70,72,73
알렉산드로스 얀네오스 72-75,96

알렉산드로스 1세 72
알렉산드로스 2세 74
알렉산드로스 짜비나스 73
알렉산드리아 64,68,76,83,91,93
알비누스 84
알키모스 70,71
암라 문화 16
암만 71
암몬 32,34,35,41,42,46,48,51,54,58,
　　　62,65,71,94
압살롬 38
애가 54,55
야고보(사도) 82,84
야고보서 86,89,90
야르묵 문화 14,16
야포 77,83,85
야훼계 전승 문헌 38
얌니아 85,86,87
얌하드 27,29
양사오(앙소) 문화 15
얼리터우(이리두) 문화 27
에게리아 93
에게 해 19,20,30,35,49,52,59,62,63,65
에누마 엘리시 35
에돔 32,34,40,44,47,51,54,55,58,94
에리두 17-20,23
에마르 27,33
에벤에젤 전투 34
에블라 20,21,27,29,94
에사르 하똔 51,52
에세네 72,87
에쉬눈나 17,27,29
에스테르기 60,70,71

에아나툼 21
에우세비우스 92
에즈라(서) 62-64
에츠욘 게베르 39
에크론 41,50
에트루리아 50,61-63
에페소(서) 86,89,91,93
에피쿠로스 65
엑바타나 51,55,59,61
엔 게디 16
엔릴(니푸르) 20
엔키(에리두) 20
엘 33
엘라 42
엘람(족) 19-21,23,28,29,31,33,35,
　　　　　39,45,52,53,55
엘랴십 1세, 2세 62
엘레판틴 61,62,64,65
엘로힘 전승 문헌 42
엘롯 47
엘아자르(한나스의 아들) 80
엘리사 43,44,50,46
엘리야 42,43,44,50
엘비라 92
엘테케 50,51
엘 파이윰 16
엘하난 60
엠마오 81
여호람 44
여호사팟 42
여호수아 58,60
여호아스 46,47
여호아하즈 1세 48,49

여호아하즈 2세 54
여호야다 44,45
여호야긴 54,55
여호야김 54,55
여호차닥 60
역대기 63,64
영지주의 88,89,91
예레미야 43,52,54,55,58
예로보암 1세 40
예로보암 2세 46-48
예루살렘 35,36,38,39,41,43,46,47,49,
　　　　　50-55,59,60-65,69,70-73,
　　　　　75-77,80,82-87,91-93
예루살렘 사도회의 82,85
예리코 14-16,85
예수 (그리스도) 60,80-84,86,92,93
예수아 (대사제) 60,61
예호비스트 전승 문헌 50
예호에제르 62
예후 14,44,45
(모세) 오경 64,68
오룻 나라 63
오니아스 68,70
오리게네스 90,91
오리그네시아 문화 14
오므리 42-44
오바드야(서) 55,60
오소르콘 1세 40
오소르콘 2세 42
오소르콘 3세 48
오제五帝 시대 17
오토 85
옥타비아누스(아우구스투스) 76,77,80

와시수칸니 31
요나 43,46,64
요람 42,44
요르단강 동편 30,32,34,35,38,42,45,49,
　　　　　　76,85
요비아누스 93
요세푸스 84,86
요순 시대 21
요시야 왕 52,53
요아스 왕 44,45
요야다 3세 64
요엘(서) 60
요탐 48
요하난 벤 자카이 87
요하난 1세 62
요하난 2세 64
요하다 62
요한 히르카노스 1세 72,96
우가리트 16,19,21,23,27-29,33,35,94
우라르투 39,45,49,53,55
우루크 (문화) 17-21,23
우르 17-21,23,27
우르남무 23
우바이드 문화 15,17
우베이디야 14,15
울필라 92
월越 나라 63
유다(인) 41-43,45-47,49-51,
　　　　53-55,61,65,71,73-75,
　　　　83,84,86,87,90,91
유다 마카베오 54,70
유다서 88,90
유방 69

유스티누스 88
유프라테스 (강) 15,26,29,31,60,90
율리아누스 93
율리우스 카이사르 73,81
이그나티우스 87
이두매아 65,71-73,76,77,80,81,85
이란(족) 16,20,21,33,39,42,43,69
이레네우스 88
이사야 43,48,49-51,58,59,74
이수스 65
이스마엘 80
이신 17,23,27,35
이오니아인 27
이제벨 42
이즈르엘 43
이탈리아 35,62,69,74,75
이투래아 71-73,77
이트바알 59
인더스 (문명) 21,31,69
인도-아리아 27,31
인안나 20
인요테프 22
일리리아 69
일리리쿰 75,87
입소스 68

자

자그로스 산맥 17,22,23,28,31
자르모 (문화) 15
자르지아 문화 15
자위 케미 샤니다르 15

장건 73
장자 65
제논 65,68
젬데트나스르(기) 17
조로아스터교 61
조몬 시대 (일본) 35
주나라 35
중왕국 (이집트) 22,26,27,29
즈루빠벨 58,60,61
즈카르야 44,46,60,61,65,68
지구라트 17
지므리 42
진나라 53,59,63,69
진시황 69

차

차독 (사제) 70
차탈 휘윅 14,15
철기(시대·문화) 34,35,38,39,51,69,
　　　　　　　71,75,84
청동기(시대·문화) 18,19,21,26,27,31,
　　　　　　　　32,34,35,39,41,
　　　　　　　　43,47,61,65,69
체스티우스 84
초나라 55,59
초바 38,39
춘추 시대 47,49,59,61,63
치드키야 54,55
칠십인역 ☞셉투아진타

카

카나 (지명) 81
카데시 31-33
카르나임 51
카르나크 신전 31
카르크미스 31,33,45,55
카르카르 43,45
카르타고 45,61,63,65,69,71,91,93
카르타고 교회회의 90,92
카리스 39
카모세 28,30
카시우스 77
카시트(족) 21,28-33
카시트-바빌로니아 30-33,35
카야파 (대사제) 80
카이사르 73,76,77,81
카이사리아 77,81,83,88,92
카파도키아 20,27,69,75,87
카파르나움 81
카프카즈 21,23
칼데아 53
칼리굴라 82,83
칼리아스 63
칼케돈 93
칼키스 82,97
캄비세스 1세 55,60
캄비세스 2세 61
케바라 문화 14
케프렌(카프레) 20
켈트 63
코린토 47,73,84,85
코모두스 89

코포니우스 80
코헬렛 68,69
콘스탄티노플 92,93
콘스탄티누스 92,93
콜로세움 87
콥트 92
콰트나 왕국 27,29
쿠사라 29
쿠스비우스 파두스 82
쿠푸(케옵스) 20
쿰란 72,74,76,84,94
퀴리니우스 80,81
크라수스 75
크레타 21,28,31,63
크릿 개울 43
크세르크세스(아하스에로스) 1세 63
크세르크세스(아하스에로스) 2세 65
크웨 27
클라우디우스 황제 82-84
클레멘스의 첫째 편지 87
클레멘스의 둘째 편지 88
클레오파트라 7세 72,74,76,97
클레이스테네스 61
키노스케팔레 전투 71
키레네 86,91
키루스 1세 53,65
키루스 2세 59,60,61
키메르(족) 51,53,55
키벨레 지모신 88
키슬레우월 71
키시 19-21
키약사레스 55
키케로 77

키프로스 32,34,35,39,51,60,61,63,86
키프리아누스 90

타

타니스 29,34,38,39,45
타드모르 (지명) 61
타티아누스 88
테르툴리아누스 90
테마 59
테미스토클레스 63
테베 22,23,27-34,38,39,42,44,45,49,
    52,53,55,59,61,65
테살로니카 69,84,85,86,93
테오도시우스 93
테오필루스 82
테오필루스 (주교) 88
토마 복음서 88
토비야 62
토빗 70,71
투드할리야 31
투쿨티 니누르타 1세 33
투쿨티 니누르타 2세 43
투탕카텐(투탕카문) 32
투트모시스(투트모세) 1세 31
툴레이라트 엘 가술 ☞ 가술
트라야누스 (황제) 87
트라케 61,87
트로이 19,33
트리엔트 공의회 93
트리폰 72,73
티그라네스 75
티글랏 필에세르 1세 35

티글랏 필에세르 3세 49
티로 18,19,35,39,42,45,47,51,
    53-55,59,64,71,81,83,85,87,89
티르차 40
티베리아스 80
티베리우스 황제 80-83
티브니 42
티스베 43
티투스 84,85,87

파

파딴 아람 23
파르살로스 전투 76
파르테논 신전 62
파르티아 69,72,73,75,76,83,85,87,89
파사엘 76,86,97
파코미우스 92
파피루스 18,62,64,86,88,90,92
판관(시대) 34,35
판테온 87
팔레스티나 14-16,18-20,23,26-30,32-35,
    40,42,45,50,52,54,55,60,65,
    68-74,77,80-84,87,94,95
팔미라 91,94
팜필리아 75,87
페니키아 26,28,32,34,35,39,41-46,50,
    52,60,61,68,71,74,75,81,87,94
페르가몬 왕국 71,73,87
페르세폴리스 59,61,65
페르시아만 15,23,30,31,33,45,49,53,55,
    59,61

105

페르시아 전쟁 62,63
페리클레스 63
페스도 (총독) 84
페이시스트라토스 59
페카 48
페트로니우스 83
펠라 73,85
펠로폰네소스 전쟁 63-65
펠릭스 84,97
포르키우스 페스투스 84
포에니 전쟁 69,71
폰투스 (지역·왕국) 69,74,75,87
폴리카르푸스 87,88
폼페이우스 74-76
푼트 30
프누엘 40,47
프리기아 35,39,45,51,54
프삼티크 1세 52
프삼티크 2세 54
프삼티크 3세 60
프톨레마이스 73,85
프톨레마이오스 1-15세 68-72,74,76
플라비아누스 85
플라톤 65
플루타르쿠스 83
플리니우스 87
피느하스 84
피시디아 75
필라델피아 77
필리스티아족 34,38,46
필리포스
 - 헤로데와 클레오파트라의 아들 (4분봉왕) ☞ 헤로데 필립보

 - 사도 83
필리포스 2세 (마케도니아 왕) 64
필리푸스 (로마의 시리아 총독) 75

하

하까이 60,61
하나(왕국) 29
하난야 64
하드리아누스 87
하라파 문화 21
하란 27,55,59
하맛 39,46,47,49,55,59
하바쿡 54
하수나 문화 14,15
하스모내오 (왕조) 72,74,76,82,97
하시딤 70,72
하실라르 15,17
하夏 왕조 27,31
하우란 51
하자엘 44,45
하초르 26,27,29-31,33,39,42,47
하투사 29,31-33
하투실리 1세 29
하투실리 3세 33
하트셉수트 여왕 30
하티족 19,21
하화계리 유적 15
한나라 69
한나스 80,82
한나스 2세 84
한 무제 73

한사군 75
할라프 문화 17
함무라비 28,29
항우 69
해안왕조 30,31,33,35
헤라클레오폴리스 22
헤로데 대왕 61,75-77,80,82,97
헤로데 아그리파스 1세 80,82,83,97
헤로데 아그리파스 2세 82,84,97
헤로데 아르켈라오스 76,80,97
헤로데 안티파스 76,80-82,97
헤로데 필리포스 76,81,82,97
헤로도토스 18
헤로디아 97
헤로디움 86
헤르마스의 목자 86,88
헤브론 95
헤스본 35,41
헥사플라 90
헬레니즘 64,67,68,70,72,74,84,88
헬리오폴리스(온) 23
호메로스 49
호모 에렉투스 14
호세아 47-51
홍해 15,23,30,42,45-47,49
환공 51,53
후르족 22,23,27-31
후한 81,83,86-89,91
히람 1세 39
히르카노스 2세 74,75,76,96
히브리인의 복음서 88
히에라폴리스의 파피아스 86
히즈키야 50-52,64,76

히타이트(족) 23,27-34,44
히포 92,93
히폴리투스 90
힉소스(족) 28-30
힐렐 82,86
힙푸스 83

찾아보기 (성경 구절)

구약성경

창세 12,10–20; 20,1–18; 26,1–14	31
창세 12–50장	26
탈출 1,11	32
레위 17–26장	54
민수 34,71–12	46
신명 12–26장	52
여호 15,21–62	52
판관 3; 13–16장	34
판관 5장	34
판관 5,13	35
1사무 4장	34
2사무 5장	38
2사무 5,3	38
2사무 5,7	38
2사무 7,16	39
2사무 8장	38
2사무 8,16–18; 20,23–26	38
2사무 9–20장	38
2사무 15–19장	38
1열왕 1–2장	38
1열왕 4,7	38
1열왕 4,16	39
1열왕 8,65	46
1열왕 11,23–24	39
1열왕 14,25	40
1열왕 15,16–22	42
1열왕 17장	49
1열왕 17–19; 21장	42
1열왕 22장	43
1열왕 22,45	42
2열왕 1장	44
2열왕 2; 4–8장	44
2열왕 8,20	44
2열왕 10장	44
2열왕 13,5	45
2열왕 13,7	44
2열왕 14,13	46
2열왕 16장	48
2열왕 17,24–41	49
2열왕 18–19장	50
2열왕 18–25장	51
2열왕 21,16	52
2열왕 23,15–20	53
2열왕 23,25	53
2열왕 23,29	54
2열왕 24,14.16	55
1역대 5,17	46
2역대 17; 19장	42
2역대 26장	47
2역대 26,7–8	46
2역대 28–36장	51
2역대 34,9.33; 35,18	53
에즈 1,2–4; 6,3–5	60
에즈 2,59	58
에즈 3,2	58
에즈 4–7장	64
에즈 6,15	61
에즈 7,1	62.64
에즈 10,8	65
느헤 12,10–11	62
2마카 4,34	70
시편 137,4	58
잠언 1–9장	60
잠언 25장	50
잠언 25–29장	51
이사 20,1–2	51
이사 36–37장	50
이사 36–39장	51
이사 39장	49
이사 40–55장	58
이사 56–66장	60
예레 22,15–16	53
예레 24,8	59
예레 29,5–7	58
예레 40–43장	58
예레 41,4–5	59
예레 46,2	55
예레 52장	51
예레 52,28	55
에제 3,15	58
에제 37,15–22	41
다니 7–12장	71
다니 11,29–30	70
호세 10,14	45
호세 12,7	47
아모 1,1	46
아모 5,7–15	47
나훔 2,2–3,19	55
나훔 3,8–10	53
즈카 1–8장	60
즈카 9–14장	65.68
말라 3,5.10–11	62

신약성경

마르 6,14–29	97
루카 2,1–2	81
루카 3,1	80
사도 5,36	82
사도 11,26	83
사도 12,1	82
사도 12,1–3	82
사도 18,2	83
사도 22,3	82
사도 22–26장	84
사도 25,11	84
사도 25–27장	97
갈라 1,17	82

엮은이: 이용결

가톨릭성서모임 말씀의 봉사자(1975~)
서울대학교 행정대학원 졸업
도서출판 성서와함께 편집부장 역임

감수자: 최안나

영원한 도움의 성모 수도회 수녀, 로마 그레고리오 대학교 구약신학 박사(역사서 전공)
영원한도움 성서연구소 소장 역임

표지 디자인: 신명우
표지 사진: 요르단 페트라의 암벽

성서연대표

서울대교구 인가: 2001년 3월 1일
초판 1쇄 펴낸날: 2001년 5월 20일
개정판 1쇄 펴낸날: 2008년 4월 8일
개정판 5쇄 펴낸날: 2019년 12월 31일
엮은이: 이용결
펴낸이: 백인실
펴낸곳: 성서와함께
06910 서울특별시 동작구 흑석로13길 7
Tel (02) 822-0125-7 / Fax (02) 822-0128
http://www.withbible.com
e-mail: order@withbible.com
등록번호: 14-44(1987년 11월 25일)
찍은곳: 분도인쇄소

ⓒ 2001 이용결

ISBN 978-89-7635-215-6 93230
값은 뒷표지에 있습니다.